marketing de relacionamento:
nós vemos marketing em tudo, e você?

SÉRIE MARKETING PONTO A PONTO

intersaberes

marketing de relacionamento:
nós vemos marketing em tudo, e você?

Elizeu Barroso Alves
Achiles Batista Ferreira Junior
Vanessa Estela Kotovicz Rolon

inter saberes

Rua Clara Vendramin, 58 . Mossunguê
CEP 81200-170 . Curitiba . PR . Brasil
Fone: (41) 2106-4170
www.intersaberes.com
editora@intersaberes.com

Conselho editorial Dr. Alexandre Coutinho Pagliarini; Drª Elena Godoy; Mª Maria Lúcia Prado Sabatella; Dr. Neri dos Santos

Editora-chefe Lindsay Azambuja

Gerente editorial Ariadne Nunes Wenger

Assistente editorial Daniela Viroli Pereira Pinto

Preparador de originais Gilberto Girardello Filho

Edição de texto Millefoglie Serviços de Edição; Monique Francis Fagundes Gonçalves

Capa Charles L. da Silva (*design*); Kuliperko/Shutterstock (imagem)

Projeto gráfico Bruno Palma e Silva

Diagramação Cassiano Darela

Designer responsável Charles L. da Silva

Iconografia Maria Elisa Sonda; Regina Claudia Cruz Prestes

Dados Internacionais de Catalogação na Publicação (CIP)
(Câmara Brasileira do Livro, SP, Brasil)

Alves, Elizeu Barroso
  Marketing de relacionamento : nós vemos marketing em tudo e você? / Elizeu Barroso Alves, Achiles Batista Ferreira Junior, Vanessa Estela Kotovicz Rolon. -- Curitiba : Editora Intersaberes, 2023. -- (Série marketing ponto a ponto)

  Inclui bibliografia
  ISBN 978-65-5517-079-5

  1. Clientes – Contatos 2. Marketing de relacionamento 3. Satisfação do consumidor I. Ferreira Junior, Achiles Batista. II. Rolon, Vanessa Estela Kotovicz. III. Título. IV. Série.

22-122103   CDD-658.812

Índices para catálogo sistemático:
1. Marketing de relacionamento : Clientes : Administração de empresas   658.812
Cibele Maria Dias – Bibliotecária – CRB-8/9427

1ª edição, 2023.

Foi feito o depósito legal.

Informamos que é de inteira responsabilidade dos autores a emissão de conceitos.

Nenhuma parte desta publicação poderá ser reproduzida por qualquer meio ou forma sem a prévia autorização da Editora InterSaberes.

A violação dos direitos autorais é crime estabelecido na Lei n. 9.610/1998 e punido pelo art. 184 do Código Penal.

sumário

agradecimentos, 9
prefácio 1, 17
prefácio 2, 19
apresentação, 23
como aproveitar ao máximo este livro, 27

capítulo 1
escopo do marketing
de relacionamento
31

Escopo de marketing, 32

O que é valor?, 46

Marketing transacional *versus* marketing
de relacionamento, 50

Necessidades *versus* desejos dos
consumidores: como diferenciá-los
e satisfazê-los?, 55

Produtos *versus* serviços:
como se relacionar?, 58

capítulo 2
a importância do cliente
67

Tipos de clientes, 68

Segmentação dos clientes, 75

Componentes do marketing
de relacionamento, 81

Qualidade no atendimento
e no relacionamento com o cliente, 87

Cálculo do *customer lifetime value* (CLV), 91

capítulo 3
preparando a empresa
97

Mercado-alvo, 98

Diferenciação e posicionamento, 105

Processo de comunicação entre empresa

e cliente, 114

Cadeia de suprimentos, 118

capítulo 4
captar, apaixonar,
fidelizar e reter
125

Olhar mercadológico, 126

Marketing de relacionamento, 127

Os 4 Cs do marketing

de relacionamento, 136

Captação, fidelização e retenção

de clientes, 139

Programas de fidelização, 143

Marketing de relacionamento e serviços:

Servqual, 146

capítulo 5
tecnologia no relacionamento
com os clientes
155

Database marketing, 156

Medidas de desempenho de marketing

de relacionamento, 160

Customer relationship management

(CRM) e sua relação com a tecnologia

da informação, 165

Tipos de atendimento

e de relacionamento, 171

Arquitetura e implantação do CRM, 175

Digitalização dos relacionamentos:

as redes sociais, 188

capítulo 6
plano de marketing de relacionamento
187

Inteligência artificial aplicada ao relacionamento, 194

Lei Geral de Proteção de Dados Pessoais (LGPD) e ética ao trabalhar com informações pessoais, 197

A estratégia *omnichannel* do marketing de relacionamento, 202

Concepção do plano de marketing de relacionamento, 205

considerações finais, 215
estudo de caso – uma experiência disney, 219
referências, 223
respostas, 233
sobre os autores, 237

agradecimentos

Elaborar este material em parceria com o Prof. Dr. Elizeu Barroso Alves e com a Profa. Dra. Vanessa Estela Kotovicz Rolon foi uma experiência sensacional, pois vivemos momentos de pesquisa e leitura que serão lembrados para sempre.

É assim que percebemos o marketing: uma relação que deve perdurar entre as partes (consumidor e marca); tanto melhor se esse relacionamento se transformar em um caso intenso de amor.

Esta obra representou um grande desafio e, também, uma grande honra, pois certamente servirá para direcionar o(a) leitor(a) interessado(a) em melhorar o marketing de relacionamento de suas organizações ou, mesmo, de suas relações pessoais. Além disso, é com enorme prazer que lanço meu 11º livro no mercado nacional. Vindo do interior do

Paraná nos idos de 1990, com sonhos e objetivos de vida sempre muito bem-traçados, sinto-me privilegiado por ter atingido minhas metas.

Portanto, em primeiro lugar, agradeço a Deus, por colocar as pessoas certas em meu caminho e permitir que eu siga aprendendo com esse convívio. Assim como em tudo o que faço na vida, procurei escrever esta obra da forma mais intensa possível e com 100% de dedicação e empenho. Como sempre ressalto em meus livros, aprendi que devo evitar ser morno em minhas ações.

Agradeço em especial a minha esposa, Kantsi Sgarbi, e a meus filhos e familiares, além de amigos e colegas de profissão que participaram do processo de pesquisa, de coleta de dados e da constante busca por informações para a realização desta obra.

Também faço um agradecimento especial aos superprofessores que são fonte de inspiração de uma vida: Nelson Castanheira, Jorge Bernardi, Benhur Etelberto Gaio, Elton Ivan Schneider e Eduardo Lachowski.

Ao empresário Cesar Brecailo (CEO da rede de *fast-food* Au-Au), webcelebridade curitibana e ilustre "rei do camarote", o verdadeiro *influencer* das Araucárias; a Argeu Luis Loyola Ferreira, aos tutores *tchoptchura*[1] acima da média: Prof. Diogo DeBiasi Souza (CST EaD Marketing), Prof. Raphael Moroz Teixeira (CST EaD Marketing digital) e Profa. Aline Cristina Pires (CST Gestão de Mídias Sociais) e Profa. Maria Carolina Avis.

---

[1] Para saber o significado de *tchoptchura*, siga nas redes sociais: @achilesjunior.

Para as empresas, instituições e profissionais que contribuíram com os autores para a produção desta obra: Simonetto, Equilíbrio Financeiro, IBGPEX, Portal do Marketing, Sebrae/PR, Shack Comunicação e Marketing Digital.

Ainda, agradeço a dois grandes amigos vencedores nessa longa estrada da vida: Flávio Junior Pavan, que sempre trilhou com objetividade e determinação seus objetivos e hoje é referência do mercado imobiliário em Balneário Camboriú; e Sérgio Navarro Spolador, um exemplo da determinação do povo brasileiro e um vencedor em terras americanas.

Ainda, faço um agradecimento especial às pessoas que comandam os bastidores das aulas que leciono e que formam a equipe de apoio administrativo da Escola Superior de Gestão, Comunicação e Negócios (ESGCN) do Centro Universitário Internacional Uninter: Beatriz Carolina Pavan, Izabel Cristina Martins dos Santos, Patricia Ziemann Rosa Madureira, Sergio Araujo de Andrade, Jessica Tchornobay Rodrigues dos Santos, Francielle Cristine Alves de Ramos, Maria Margarida Barbosa de Almeida, Michele Goncalves Dias de Lima, Everton Eller Campos e Paloma Herginzer.

Por fim, agradeço a todos que direta ou indiretamente fizeram parte do processo de produção de mais esta obra e, principalmente, às pessoas que nunca deixaram de lutar e acreditar em mim: meu pai (*in memorian*) e minha querida mãe (*in memorian*), minha eterna diva.

Achiles Batista Ferreira Junior

Adeus, por estar conduzindo meus passos de forma justa e perfeita.

À minha mãe, Dona Maria.

A meus filhos, Arthur e Eloise, por serem as luzes que me guiam em meu caminho.

A Chris Cornell (*in memorian*), que foi a trilha sonora dessa apaixonante escrita.

A Graicy Elise Padilha Paes, por escutar todas as minhas conversas malucas, minha fortaleza.

Ao Centro Universitário Internacional Uninter, por ser o berço de minha jornada acadêmica, nas figuras do Magnífico Reitor, Benhur Etelberto Gaio, do Vice-Reitor, Jorge Luiz Bernardi, e do diretor da Escola Superior de Gestão, Comunicação e Negócios, Elton Ivan Schneider.

Ao Prosup-Capes, pelo apoio na realização de meu doutorado.

Aos professores Achiles e Vanessa, pelo prazer em conceber esta obra.

Ao pessoal da Editora InterSaberes, Lindsay, Ariadne, e Daniela, por todo o suporte para a realização deste projeto.

A meus alunos, que são sempre o foco de meu trabalho!

Elizeu Barroso Alves

Falar sobre relacionamentos pautados no amor em um livro escrito durante um ano pandêmico foi um presente; afinal, as pessoas estão precisando de acolhimento, de relacionamentos amorosos verdadeiros e com cumplicidade. Esta foi nossa proposta nesta obra: trazer à tona a importância de relacionamentos que abracem, que sejam empáticos, e não somente entre pessoas, mas também entre consumidores e marcas, por meio do mercado B2C, e entre organizações, no mercado B2B.

Foi gratificante escrever este livro com o Dr. Achiles, colega há 19 anos e profissional que admiro por sua trajetória de sucesso, e com o Dr. Elizeu, que foi meu aluno e cujo crescimento profissional pude acompanhar.

Obviamente, a gratidão por minha família é imensa: meu esposo Carlos, minha filha Carolina, meus filhos Felipe e Gustavo, e também meus filhinhos de quatro patas: Roco, que virou estrelinha em abril de 2021, e Luky, o "amorzinho da mamãe".

Agradeço também a meu pai, Rafael Kotovicz (*in memoriam*), e à minha mãe, Izabel Jeanett Kotovicz, por terem me dado, além da vida, o bem mais precioso: a educação.

A gratidão se estende ao Centro Universitário Internacional Uninter, que me deu a oportunidade de ser coordenadora do curso de Administração (minha paixão), de exercer a docência por meio de metodologias inovadoras, de ser autora de livros publicados pela Editora InterSaberes, de trabalhar com colegas extraordinários e de contribuir com a formação de estudantes de todas as regiões do Brasil, desde os locais mais longínquos até as grandes metrópoles brasileiras.

Gratidão a Deus pela vida, pelo amor e pela bondade.

Vanessa Estela Kotovicz Rolon

Lembre-se de que a vida não é um toddynho gelado, afinal, se você quiser estar acima da média e nadar entre tubarões, não pode de forma alguma sangrar.

Achiles Batista Ferreira Junior

prefácio 1

Joaquin Fernandez Presas
Sócio-Diretor da Pontodesign

Caro(a) leitor(a),

Sinto muito por ser eu a pessoa a dizer isto, mas este livro não é propriamente sobre relações de amor. Nem um romance ele é. É um livro de marketing escrito por pessoas de marketing que, para comprovar o senso comum, usam técnicas às vezes estranhas para nos convencer e fazer o que elas querem.

Mas quer saber uma coisa? FAÇA O QUE ELAS QUEREM, leia este livro.

Como geralmente acontece, o que fizeram foi apresentar um fato real de uma forma mais elaborada, o que chamamos de dourar a pílula. Até porque o livro trata de marketing de relacionamento, então, de certa forma, amor e relacionamento estão bem conectados.

Entrando no conteúdo, os autores apontam o escopo do que será falado e logo de cara estabelecem as diferenças entre o marketing transacional e o de relacionamento.

A partir daí, eles abordam, com impressionante clareza e leveza, vários conceitos muito importantes, como o que é valor, produtos *versus* serviços, tipos de clientes, qualidade no atendimento, diferenciação e posicionamento.

Não bastasse isso, a obra expõe alguns conceitos mais atuais, que começaram a ser pensados pelo marketing há pouco tempo, tais como *customer lifetime value* (CLV), CRM, AI (inteligência artificial) no marketing, LGPD e estratégias omnichannel para marketing relacionamento.

É mole ou quer mais?

Na verdade, tem um pouco mais, sim. O fechamento do livro é feito com um belo roteiro de como realizar um planejamento de marketing de relacionamento.

Resumo da obra?

Correndo o risco de ser cafona, podemos afirmar que é uma obra apaixonante.

prefácio 2

Patricia Piana Presas

Diretora de Planejamento da Pontodesign. Professora Doutora e Coordenadora dos cursos de pós-graduação na área de Marketing da FAE Business School

Foi com grande alegria que recebi o convite do Prof. Dr. Achiles Batista Ferreira Junior para escrever o prefácio deste livro, pois isso implicaria conhecer a obra em sua primeira versão, antes de ser apresentada ao mundo, ainda com as anotações e as considerações de autores e editores.

Ler este livro é compreender que, em um mercado mais e mais competitivo, no qual os diferenciais entre marcas e produtos são cada vez menores, estabelecer um relacionamento legítimo e efetivo com os clientes é essencial e uma atitude *sine qua non*[1] para uma empresa se manter ativa.

Todos nós, consumidores ou vendedores, temos testemunhado uma extraordinária transformação de valores e comportamentos, sem paralelo, em nossa história contemporânea. E, ao fazer a leitura do livro para escrever este prefácio, lembrei-me de uma frase que costumo dizer em minhas

---

[1] *Sine qua non* é uma locução adjetiva, do latim, que significa "sem a qual não". É uma expressão frequentemente usada no nosso vocabulário e faz referência a uma ação ou condição que é indispensável, que é imprescindível ou que é essencial.

aulas: "Consumidores compram, mas as pessoas querem ser felizes!!".

É esse pensamento que conduz o conteúdo desta obra: como as estratégias do marketing poderão criar e manter um relacionamento profundo e contundente com os clientes, para que, ao final do dia, sintam-se satisfeitos, felizes e continuem a consumir seus produtos.

E o que a relação entre marcas e consumidores tem a ver com isso tudo? Assim como as pessoas se relacionam graças a um laço afetivo, as marcas também buscam uma relação mais duradoura com seus clientes através do processo de compra – uma via de mão dupla que consiste em entregar qualidade, diferenciação, personalização, conveniência, entre outros fatores.

Aqui, os autores tratam do tema marketing de relacionamento de forma bastante didática e agradável de se ler, de maneira simples e objetiva. Em cada página, você conhecerá as principais estratégias e táticas para captação, fidelização e retenção dos clientes, passando por temas atuais e relevantes, como o *customer relationship management* (CRM) e o *database* marketing.

O marketing de relacionamento é abordado de forma ampla, desde os temas mais fundamentais, passando pelos postulados estratégicos que norteiam a adoção de ações efetivas de relacionamento com o mercado, tendo como foco a busca por resultados consistentes.

Sem dúvida, é uma obra pertinente, seja você um(a) estudante, um(a) profissional de marketing, um(a) empresário(a) buscando atualizar-se ou apenas um(a) interessado no tema. Tenho certeza de que este livro trará novas reflexões e *insights* sobre a relação das empresas com seus clientes.

Como conselho, sugiro que aproveite a leitura e esteja aberto(a) para a grata experiência que os professores Achiles, Elizeu e Vanessa nos prepararam com esta obra.

Boa leitura!

apresentação

Ah, o amor! Luís Vaz de Camões já dizia que o "amor é fogo que arde sem se ver, é ferida que dói, e não se sente", frase que depois ficou eternizada na canção *Monte Castelo*, da Legião Urbana. Sem dúvidas, o amor é um dos sentimentos mais nobres que existe. Se você já se apaixonou, você sabe bem como é; e se ainda não, logo saberá o que significa ter "borboletas no estômago".

Mas o que o **amor** tem a ver com o **marketing de relacionamento**? Bem, como nós vemos marketing em tudo, cremos que tem tudo a ver! Todo relacionamento que se baseia em amor é frutífero, e é isto que pretendemos com este livro: apresentar que o marketing de relacionamento é uma poderosa ferramenta para a existência da empresa.

O marketing de relacionamento é uma ferramenta

mercadológica que visa à criação de uma relação profícua e duradora com os clientes e se distancia da lógica unicamente transacional. Expresso de outro modo, para o marketing de relacionamento, boas vendas são o resultado de um bom relacionamento com o cliente. Pense nas pessoas com quem você se relaciona: O que o leva a manter esses relacionamentos? Certamente, em muitos aspectos, o amor é um desses motivos.

Dessa forma, nosso objetivo, com este livro, é apresentar todas as estratégias possíveis de serem aplicadas nas empresas, para que assertivamente elas potencializem o relacionamento com seus clientes. Assim, dividimos este material em seis capítulos.

No Capítulo 1, abordaremos o escopo do marketing de relacionamento. Analisaremos e exemplificaremos como implantar os 4 Ps visando à fidelização dos clientes. Especificaremos as diferenças entre necessidades e desejos e explicaremos como obter informações relevantes para uma tomada de decisões precisas pela empresa. Também abordaremos a relevância de sabermos o que, de fato, é valor para os clientes, a fim de que a empresa tenha subsídios para desenvolver, precificar, distribuir e promover seus produtos corretamente. Por fim, discutiremos a diferença entre marketing transacional e marketing de relacionamento.

No Capítulo 2, detalharemos a importância do cliente, os componentes do marketing de relacionamento, os diferentes tipos de mercados (do B2C ao B2B) e suas respectivas segmentações, assim como a importância de um atendimento de excelência. Por fim, analisaremos o cálculo do *customer lifetime value* (CLV).

No Capítulo 3, debateremos a relevância de determinar o mercado-alvo, além de temas como diferenciação e posicionamento. Ademais, comentaremos sobre o processo de comunicação empresa-cliente e destacaremos a função das organizações orientadas para o mercado e, ainda, a gestão da cadeia de suprimentos.

No Capítulo 4, focaremos na temática-base desta obra: o marketing de relacionamento, levando em conta as funções dos 4 Cs desse tipo de marketing, bem como a captação, a fidelização e retenção de clientes e a existência de programas de fidelização. Na sequência, traremos uma breve explicação sobre o modelo Servqual.

No Capítulo 5, versaremos a respeito das soluções e do uso de *database* marketing, bem como das medidas de desempenho de marketing de relacionamento que as empresas podem adotar. Falaremos, também, sobre o *customer relationship management* (CRM) e sua relação com a tecnologia da informação.

Por fim, no Capítulo 6, abordaremos o plano de marketing de relacionamento. Assim, veremos como está ocorrendo a digitalização dos relacionamentos por meio das redes sociais e o uso da inteligência artificial aplicada às estratégias de marketing de relacionamento, além dos aspectos éticos e legais que envolvem essa estratégia.

Boa leitura!

como aproveitar ao máximo este livro

Empregamos nesta obra recursos que visam enriquecer seu aprendizado, facilitar a compreensão dos conteúdos e tornar a leitura mais dinâmica. Conheça a seguir cada uma dessas ferramentas e saiba como elas estão distribuídas no decorrer deste livro para bem aproveitá-las.

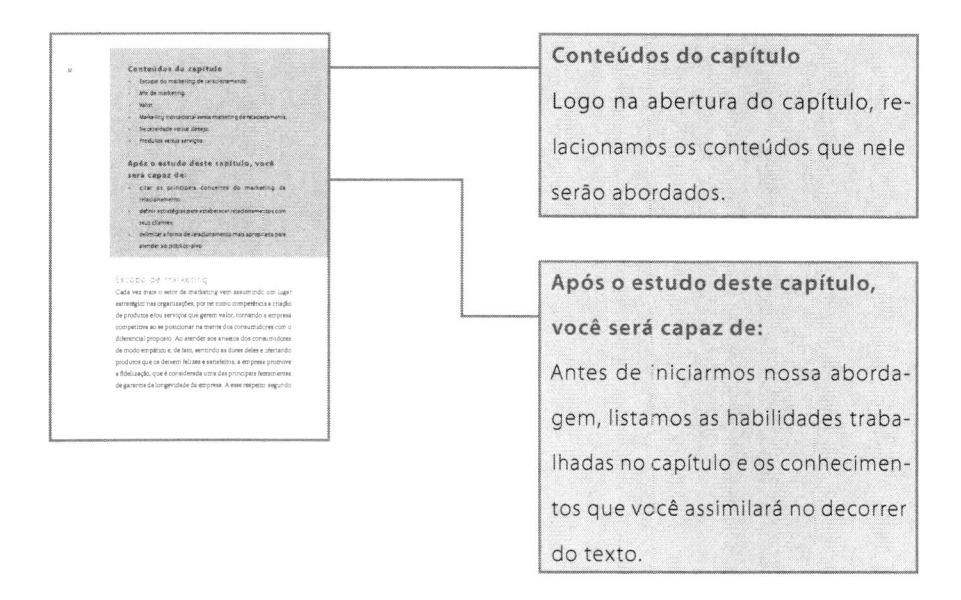

Conteúdos do capítulo

Logo na abertura do capítulo, relacionamos os conteúdos que nele serão abordados.

Após o estudo deste capítulo, você será capaz de:

Antes de iniciarmos nossa abordagem, listamos as habilidades trabalhadas no capítulo e os conhecimentos que você assimilará no decorrer do texto.

Síntese

Ao final de cada capítulo, relacionamos as principais informações nele abordadas a fim de que você avalie as conclusões a que chegou, confirmando-as ou redefinindo-as.

Estudo de caso

Nesta seção, relatamos situações reais ou fictícias que articulam a perspectiva teórica e o contexto prático da área de conhecimento ou do campo profissional em foco com o propósito de levá-lo a analisar tais problemáticas e a buscar soluções.

Questões para revisão

Ao realizar estas atividades, você poderá rever os principais conceitos analisados. Ao final do livro, disponibilizamos as respostas às questões para a verificação de sua aprendizagem.

Questões para reflexão

Ao propor estas questões, pretendemos estimular sua reflexão crítica sobre temas que ampliam a discussão dos conteúdos tratados no capítulo, contemplando ideias e experiências que podem ser compartilhadas com seus pares.

capítulo 1
escopo do marketing de relacionamento

Vanessa Estela Kotovicz Rolon

Existem três tipos de empresas: as que fazem as coisas acontecerem, as que veem as coisas acontecerem e as que se perguntam o que aconteceu

(Kotler, 2021, p. 3)

Conteúdos do capítulo

» Escopo do marketing de relacionamento.
» *Mix* de marketing.
» Valor.
» Marketing transacional *versus* marketing de relacionamento.
» Necessidade *versus* desejo.
» Produtos *versus* serviços.

Após o estudo deste capítulo, você será capaz de:

» citar os principais conceitos do marketing de relacionamento;
» definir estratégias para estabelecer relacionamentos com seus clientes;
» delimitar a forma de relacionamento mais apropriada para atender ao público-alvo.

Escopo de marketing

Cada vez mais o setor de marketing vem assumindo um lugar estratégico nas organizações, por ter como competência a criação de produtos e/ou serviços que gerem valor, tornando a empresa competitiva ao se posicionar na mente dos consumidores com o diferencial proposto. Ao atender aos anseios dos consumidores de modo empático e, de fato, sentindo as dores deles e ofertando produtos que os deixem felizes e satisfeitos, a empresa promove a fidelização, que é considerada uma das principais ferramentas de garantia da longevidade da empresa. A esse respeito, segundo

Phillip Kotler (2002), o marketing diz respeito à arte de descobrir oportunidades, desenvolvê-las e lucrar com elas.

Para entendermos o conceito de marketing (criar e entregar valor), analisaremos brevemente o composto mercadológico (ou *mix* de marketing), fornecendo alguns exemplos de como agregar valor. Antes, porém, precisamos lembrar que as estratégias do composto mercadológico devem estar alinhadas à estratégia organizacional, pois é com base nela que os departamentos se articulam para a entrega de valor aos *stakeholders*.

Na Figura 1.1, mostramos como a segmentação de mercado se relaciona com o *mix* de marketing para que as estratégias sejam as mais bem-sucedidas.

Figura 1.1 – *Mix* de marketing

```
                    ┌─────────────────┐
                    │ Mix de marketing │
                    └─────────────────┘
                   ↙         ↓         ↘
        Produto                              Praça
  Variedade do produto                       Canais
      Qualidade                             Cobertura
        Design         ┌──────────────────┐ Diversidade
    Características    │Mercado de segmento│ Localizações
        Marca          └──────────────────┘ Inventário
      Embalagem                             Transporte
       Tamanhos
       Serviços           Preço              Promoção
      Garantias      Preço de tabela    Promoção de vendas
       Retornos        Descontos           Publicidade
                       Subsídios          Força de vendas
                 Período de pagamento    Relações públicas
                  Termos de crédito      Marketing direto
```

Fonte: Kotler, 2021, p. 103.

Definindo o *mix* de marketing por meio dos 4 Ps (produto, preço, praça e promoção)

P – Produto

Segundo Kotler (2021), o objetivo principal de uma empresa é criar um produto que tenha um diferencial ou que seja melhor do que aqueles oferecidos por seus concorrentes. Estamos falando de gerar uma vantagem competitiva para a empresa. Isto é, em relação a outras organizações, o que uma empresa tem de melhor e que faz os clientes preferirem seus produtos?

Basta pensar: não compramos um produto por sua especificação técnica relacionada a benefícios e atributos, mas sim pela experiência que ele nos proporciona – estamos na era do *customer experience* (CX), ou experiência do consumidor.

A experiência do consumidor é um conjunto de interações que ocorrem entre empresa e cliente, por meio das quais se constroem memórias e sentimentos entre ambos. Há várias métricas para medir a satisfação do cliente e que são extremamente importantes; afinal, quanto mais satisfeito ele estiver, maior será a probabilidade de fidelização. Uma das métricas mais utilizadas e conhecidas é a escala Likert, que mede o nível de satisfação de 1 a 5. Funciona assim: o cliente compra um produto no *e-commerce* e recebe um *e-mail* informando o andamento de seu pedido: i) pedido realizado; ii) pagamento aprovado; iii) produto separado; iv) produto encaminhado para a transportadora; v) movimentação de produto (nos correios); vi) movimentação de produtos no correio de sua cidade; vii) saiu para entrega; viii) produto entregue. Em cada uma das etapas, um *e-mail* informativo é enviado.

Assim, o comprador acompanha o processo todo. A entrega é super-rápida, e ao receber o produto, o consumidor abre a embalagem e encontra um cartão escrito à mão, agradecendo por ter escolhido aquela marca e, de presente, ganha um mimo (durante a pandemia, muitas empresas mandaram máscaras ou um frasco com álcool em gel), com um cupom de desconto para a próxima compra. Na sequência, a empresa envia um *e-mail* pedindo ao cliente que avalie o produto e a experiência de compra – o que pode ser feito mediante a escala Likert, conforme comentamos anteriormente.

Figura 1.2 – Satisfação do cliente pela escala Likert

Fonte: Mergo, 2021.

Portanto, se o produto for de qualidade, se tiver superado suas expectativas, provavelmente o consumidor utilizará o cupom e fará uma nova compra. Assim, a empresa fidelizará o cliente, desde que mantenha o padrão esperado. Logo, esse processo deve ser continuamente aprimorado, por meio de pesquisas com os consumidores.

As pontuações mais altas indicam que a organização atendeu às expectativas do cliente.

No entanto, antes da experiência de consumo, a empresa precisa desenvolver o produto. E não há como fazer isso sem realizar previamente pesquisas para definir o público-alvo, seja por meio de segmentação[1] demográfica, geográfica, psicográfica ou de uma combinação dessas segmentações a fim de descobrir qual nicho de mercado será atendido. O nicho de mercado pode ser comparado a uma fatia de *pizza* a qual é retirada do todo (Figura 1.3), facilitando a análise desse pedaço especificamente – no caso, o público-alvo. A importância de segmentar o mercado é que, quanto mais se conhece o perfil do público-alvo, maior é a chance de atender às necessidades dele por meio da entrega de valor (mais adiante, versaremos sobre a definição de valor para o consumidor).

Figura 1.3 – Segmentação de mercado

fufunteg/Shutterstock

Neste ponto, você pode estar se questionando: E o que isso tem a ver com o marketing de relacionamento? Ora, se a empresa entende quem é seu público, conhece seus anseios, as dores e as

---

[1] No Capítulo 2, abordaremos em detalhes a segmentação.

reais necessidades que transcendem as especificações técnicas do produto (como a questão da sustentabilidade, atualmente tão cara para a sociedade), certamente desenvolverá estratégias precisas que levarão à fidelização. Algumas empresas primam por produtos que não impactam negativamente o meio ambiente, outras utilizam embalagens recicláveis ou, no setor de cosméticos, não realizam testes em animais, trabalham com a diversidade e equidade de gênero, apoiam a educação, o reuso de produtos; tais empresas estão atendendo aos anseios de uma sociedade consciente da necessidade de preservar o meio ambiente e ser sustentável.

Enfim, existem várias formas de as empresas atuarem com uma visão mais ampla ou holística. Essas estratégias ampliadas impactam positivamente o produto e a marca no mercado. Por conseguinte, a organização por trás disso tende a conquistar o respeito do público e da sociedade em geral, o que tem o potencial de gerar a fidelização de muitas pessoas.

P – Preço

Conforme comentamos anteriormente, a estratégia organizacional define as estratégias de marketing, sendo crucial para ambas a definição do público-alvo.

No caso da estratégia de precificação dos produtos, de que forma é possível estabelecê-la para que o cliente se sinta satisfeito e, assim, torne-se fiel à marca?

É o perfil do público-alvo que determina a estratégia de preço. Por exemplo: se o público-alvo é a classe D, e sabendo-se, por meio de pesquisas, que essa classe socioeconômica é sensível a preços, a estratégia deverá ser baseada em custos. Isso porque, quanto mais enxutos forem estes, mais a empresa poderá praticar menores preços. Com isso, gera-se valor agregado aos clientes, pois ficam satisfeitos por adquirirem um produto de qualidade pelo menor preço do mercado.

Agora, considerando um cenário oposto: se o público-alvo definido é a classe A, e sabendo-se, por meio de pesquisas, que essa classe busca exclusividade e *status* ao adquirir e utilizar determinado produto, a estratégica deverá ser de desnatação do mercado – também conhecida como *skimming*, segundo Rolon (2018). Afinal, essa classe espera que o produto seja de altíssimo valor agregado e que não somente os atributos e benefícios sejam enaltecidos, mas também a exclusividade e, consequentemente, o *status*.

Portanto, é com base na segmentação do mercado e do produto desenvolvido para atendê-lo que se deve estabelecer a estratégia de preço. Quanto maior for o valor agregado que o preço representa para o consumidor, mais valorado este será e, com efeito, maior será também a probabilidade de a empresa fidelizar seus clientes. No primeiro caso, o da classe D, quanto mais baixo for o preço (obviamente, de um produto com qualidade), maior será a satisfação do cliente. No segundo caso, da classe A, quanto maior for o preço e menor for a quantidade de produtos ofertada no mercado, maior será a percepção de exclusividade e mais valor terão para os clientes, que os desejarão avidamente e, consequentemente, amarão a empresa.

P – Praça

A praça está relacionada à distribuição e vem do inglês *place*. Segundo Coughlan et al. (2011, p. 1), esses "canais de Marketing são as rotas de mercado utilizadas para vender produtos e serviços que consumidores e compradores de empresas adquirem em todo o mundo".

Diante disso, como definir o local ou os locais de distribuição do produto? Vamos aos exemplos.

Se o público-alvo for a classe D, o ponto de venda deverá ser em local de fácil acesso para esse público: próximo a terminais de ônibus, metrô, trem etc., além de se levar em consideração os bairros da região metropolitana das grandes cidades. Além da localização, o horário de funcionamento faz diferença no processo de fidelização, pois os integrantes desse grupo geralmente são pessoas que trabalham em locais distantes de onde residem e que recebem o valor de uma diária. Logo, o comerciante deve estar atento a todos esses detalhes. Percebe que todas as estratégias se encaixam como em um jogo de quebra-cabeças?

As lojas ou os mercados que atendem a esse público ofertam um grande *mix* de produtos, porém, priorizam embalagens menores, para que "caibam no bolso" desses consumidores. Não basta, portanto, atentar para a localização física, é preciso planejar o *layout* da loja e o ambiente como um todo. Por exemplo, pode ser que uma pessoa entre na loja com a roupa suja de tinta (em se tratando de um pintor), com vestimentas simples; provavelmente, ela não se sentirá à vontade em um ambiente que aparente ser "chique" ou mais imponente.

Portanto, quando o assunto é distribuição, estamos nos referindo à localização física da loja, ao ambiente do ponto de venda, além, obviamente, dos canais digitais – por meio de um grupo de WhatsApp, de uma página no Facebook ou no Instagram ou por meio de um *site*.

Já com relação ao público da classe A, o gestor deve adotar estratégias opostas, porque o perfil desse público busca, em primeiro lugar, a exclusividade. Então, quanto mais glamurosa for a loja, com um mínimo de produtos na vitrine (a preferência é que em vez de produtos, a vitrine apresente obras de arte), maior será o valor agregado. Os produtos devem ser expostos como se fossem joias; os(as) recepcionistas devem estar muito bem-vestidos(as) para receber os clientes, com champagne e **iguarias** sendo ofertados no interior da loja. Além disso, quanto menos pontos físicos existirem, mais valor isso representará para essa classe. Além do ponto físico, esse público realiza compras em lojas do mundo todo, com cartão de crédito internacional, e podem conhecer os produtos por meio do Instagram ou de um atendimento personalizado entre vendedor e cliente diretamente no WhatsApp.

Ainda, os consumidores podem optar pelos multicanais, os quais, conforme apontam algumas pesquisas, são oito vezes mais rentáveis do que a compra via *site* ou em loja física (Andrade, 2017).

Assim, para implementar estratégias precisas em relação à praça, é necessário conhecer e entender o público-alvo e, consequentemente, idealizá-lo.

P – Promoção

Para haver uma comunicação eficiente e eficaz, demanda-se uma mensagem clara, consistente e que reflita a identidade da empresa. Para isso, é válido utilizar várias mídias, mas não é possível mudar a narrativa, a história. Isso significa que as organizações devem evitar ruídos no processo de comunicação (Dias, 2011). E o que significa ruído?

Por ruído entende-se a mensagem emitida pela empresa e que chega distorcida a quem a recebe (no caso, os clientes).

Para explicar o conceito de promoções, daremos continuidade aos exemplos das classes D e A. Entre elas, o que difere no processo comunicacional?

Vamos, primeiro, analisar a classe D.

O ambiente da loja já comunica o *mix* de produtos que oferta, o preço fixado em cada um dos produtos e para qual público eles se destinam. A propaganda por meio de programa de rádio em frequência AM, das 4 às 6 da manhã, pode ser adequada para a classe D, uma vez que esse público sai de casa de madrugada para pegar ônibus, metrô ou trem. A linguagem deve ser simples e clara, para que não haja dúvida (ou ruídos).

Agora, a classe A. O ambiente das lojas que os membros dessa classe frequentam normalmente é sofisticado, chique. O meio de comunicação utilizado pode ser um evento para um público seleto, como um *Grand Slam* de tênis, onde os jogadores exibem as marcas que os patrocinam, e as quadras mostram os logos de marcas de grife, como de carros de luxo, relógios, entre outros.

A respeito do meio de comunicação, para o público da classe A, nos aeroportos de todo o mundo, as salas VIP representam locais importantes para uma comunicação sutil – como um brinde especial, por exemplo.

Nesse momento, você pode estar pensando: O ideal é sempre atender à classe A, pois a rentabilidade é muito maior. Nem sempre! Grandes empresas, como a Procter & Gamble, investem para atender ao público da Índia, cuja maioria pertence à classe D, e desenvolvem pesquisas, produtos e formas de se comunicar com os indianos, pois nesse país falam-se muitos dialetos diferentes. E por que essas organizações investem nesse público? Porque na Índia há mais de um bilhão de pessoas. Isso significa que se a empresa ganhar alguns centavos por produto vendido, ela lucrará muito.

A essa altura, você provavelmente percebeu a importância de desenvolver estratégias certeiras relacionadas ao composto de marketing para fidelizar os clientes.

No entanto, é preciso lembrar que é importante estabelecer tais estratégias ao longo de todo o processo de compra do consumidor.

Atualmente, uma das estratégias utilizadas pelas empresas com o objetivo de desenvolver um relacionamento mais sério consiste em "humanizar" o produto, isto é, dar vida a ele, a fim de promover um diálogo empático com os consumidores. Trata-se, assim, de entender as dores do consumidor e apresentar uma solução de forma ágil e acolhedora. Isso aumenta as chances de ele ter uma experiência que gerará confiança ante o produto e à marca, resultando na fidelização.

Todavia, para dar vida aos produtos, é necessário elaborar estratégias para que o consumidor tenha experiências únicas durante sua jornada de compra.

Ao ofertar produtos com valor para o segmento escolhido (sempre em alinhamento com a estratégia da organização), uma técnica bastante utilizada e efetiva é o *storytelling*, que diz respeito a uma narrativa envolvente e com recursos visuais. Por exemplo: pode-se gravar vídeos mostrando como é a produção dos produtos, entrevistando os colaboradores e mostrando o dia a dia da empresa. Esta é a **primeira etapa** do processo de compra: de descoberta e aprendizado.

O processo comunicacional não pode ter ruídos, ou seja, é fundamental que a mensagem enviada pelo emissor seja decodificada pelo receptor. Assim, este poderá reconhecer que tem um problema (**segunda etapa** do processo de compra), o qual poderá ser resolvido mediante a aquisição de determinado produto (**terceira etapa** do processo de compra). Por fim, ele decide pela compra (**quarta etapa**). Acabou por aqui? Obviamente, para fidelizar um cliente a empresa precisa manter o relacionamento aquecido o tempo todo, caso contrário, será substituída por outra. Então, é imprescindível executar a **última etapa**, a do pós-venda, seja para saber sobre a experiência de uso, seja para manter o cliente informado de novos produtos e tendências, caso ele autorize que essa comunicação seja realizada.

A esse respeito, a Figura 1.4 ilustra o processo percorrido para que um visitante se torne cliente da empresa.

Figura 1.4 – Etapas para se tornar cliente

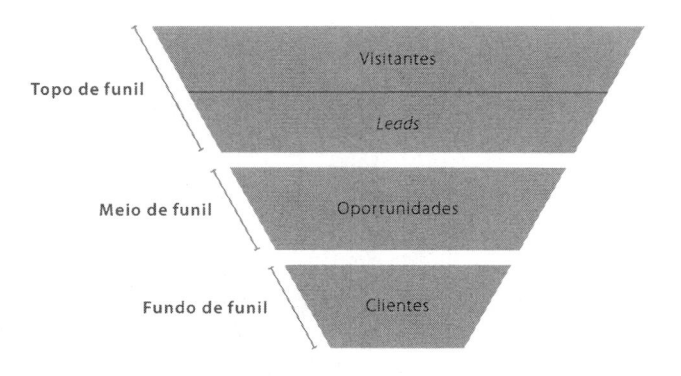

Topo de funil — Visitantes / Leads

Meio de funil — Oportunidades

Fundo de funil — Clientes

Fonte: Bernardes, 2020.

O relacionamento está vinculado ao marketing direto, cujo objetivo é construir a fidelização. E com tanta informação chegando ao mesmo público-alvo, como nutrir esse relacionamento? É necessário alimentar os clientes por meio de várias ações e eventos, bem como nos meios *on-line* e *off-line*. Vale a analogia com o crescimento de uma planta: se você parar de regá-la, ela secará.

Atualmente, é inconcebível que uma empresa permaneça somente no ambiente *off-line* desenvolvendo estratégias de marketing. Afinal, todos os públicos, incluindo os das classes C e D, estão realizando compras virtualmente ou, ao menos, estão sendo impactados por esse suporte, tanto em grupos de WhatsApp quanto por mensagens via SMS.

Nessa ótica, as estratégias devem ser planejadas de modo a desenvolver e criar um relacionamento amoroso e duradouro, o que é um processo que deve ser construído diariamente. Essa relação possibilita que a marca humanizada, capaz de dialogar com seus clientes, não seja vista apenas pelos produtos que oferta ao mercado, mas, sim, como a marca que está ao lado do consumidor, todos os dias.

Portanto, com a fidelização dos consumidores, as empresas gastam menos, pois é mais barato manter os atuais do que conquistar novos.

A base de qualquer negócio é um produto ou uma oferta. Uma empresa tem como propósito criar um produto ou uma oferta com certo diferencial e que seja melhor do que o/a dos concorrentes. A intenção é levar os membros de seu segmento de mercado a darem preferência à empresa e, até mesmo, pagarem um preço melhor pelos produtos que ela vende.

Observe, no Quadro 1.1, as diversas ferramentas utilizadas no processo de comunicação. Cabe à empresa definir a(s) que melhor atende(m) ao público-alvo selecionado.

Quadro 1.1 – Exemplos de diferentes ferramentas de promoção

Publicidade	propagandas impressas e transmitidas; embalagem exterior; inserções de embalagem; imagens em movimento; folhetos informativos e livretos; cartazes e folhetos; diretórios; reimpressões de anúncios; *outdoors*; exibição de sinais; exibição de pontos de compra; material audiovisual; símbolos e logos; fitas de vídeo
Promoção de vendas	concursos, jogos, sorteios, loterias; bônus e presentes; amostragem; feiras e exposições; exibições; demonstrações; cupons; redução de preço; financiamento com juros baixos; entretenimento; subsídios de troca; programas de continuidade; relacionamento
Relações públicas	*kits* de imprensa; discursos; seminários; relatórios anuais; doações de caridade; patrocínios; publicações; relacionamento com a comunidade; atividades de *lobby*; mídia de identidade; revista da empresa; eventos

(continua)

(Quadro 1.1 – conclusão)

Força de vendas	apresentação de vendas; reunião de vendas; programas de incentivo; amostras; feiras e exposições
Marketing direto	catálogos; correspondências; telemarketing; compras de eletrônicos; compras pela tv; correio de fax; *e-mail*; correio de voz

Fonte: Kotler, 2021, p. 117.

O que é valor?

O valor depende do público-alvo a ser atendido, pois cada um atribui valor a determinadas características de um produto ou serviço.

Ao definir o que é valor para determinado público-alvo, é necessário entender que: "o paradigma mudou. Produtos vêm e vão. Atualmente, a unidade de valor é o relacionamento com o cliente" (Wayland, citado por Kotler, 2021, p. 133).

De acordo com Osterwalder e Pigneur (2011, p. 22):

> *A Proposta de Valor é o motivo pelo qual os clientes escolhem uma empresa ou outra. Ela resolve um problema ou satisfaz uma necessidade do consumidor. Cada Proposta de Valor é um pacote específico que supre as exigências de um Segmento de Clientes específico. Nesse sentido, a Proposta de Valor é uma agregação ou conjunto de benefícios que uma empresa oferece aos clientes.*

Para Kotler e Keller (2019, p. 137), "o valor percebido pelo cliente é a diferença entre a avaliação que o cliente potencial faz de todos os benefícios e custos relativos a um produto e as alternativas percebidas". Os benefícios podem ser econômicos, psicológicos e funcionais; e os custos representam as informações que os consumidores esperam obter para avaliar, comprar, utilizar e descartar o produto, incluindo os custos monetários, de tempo, psicológicos e de energia física.

A entrega de uma marca, um produto ou um serviço ao mercado deve ser pensada com o objetivo de gerar um valor especial na mente do consumidor. Assim, a preferência será da empresa que tem esse diferencial, e o preço deixa de ser um impeditivo para essa aquisição, conforme a equação a seguir:

> valor = benefícios − custos

Isso significa que, quanto maior for a oferta ao consumidor considerando-se o composto de marketing (ou seja, produto, preço, praça e promoção), maior será a probabilidade de encantá-lo e, assim, fidelizá-lo. No entanto, a empresa só saberá o que os clientes querem e valorizam por meio de pesquisas de mercado.

Para isso, os profissionais de marketing devem coletar, interpretar e utilizar informações sobre mercados a fim de criar valor para os clientes ao oferecerem os produtos que eles desejam. Por exemplo: segundo pesquisa realizada pelo AC Nielsen (empresa de pesquisa de marketing), as pessoas têm procurado comer mais salada (Churchill; Peter, 2012). Elas buscam por variedade e sabor, mas não têm tempo para lavar os vegetais e legumes, cortar e temperar; enfim, elas querem a praticidade de encontrar as saladas prontas para consumo em prateleiras de supermercados, sem precisar prepará-las.

Com base nesse estudo, várias empresas começaram a vender verduras e legumes prontos para o consumo, fornecendo aos consumidores o que eles querem. Indo além do esperado, elas também passaram a oferecer uma variedade de porções embaladas de molhos, *croutons*, queijo ralado e outras guarnições para acrescentar à salada – ou seja, agregaram valor ao produto. Isso demonstra que é possível agregar valor, encantar o consumidor e, assim, criar uma relação de amor.

Portanto, a proposta de valor de uma empresa é o que a destaca no mercado, diferenciando-a das demais. A esse respeito, Osterwalder e Pigneur (2011, p. 23) citam 11 propostas principais às quais uma empresa pode recorrer em sua organização. São elas:

I. **Novidade**: marcas que investem em pesquisa e desenvolvimento (P&D) ofertam produtos inovativos. É o caso da Apple, que está sempre lançando novos produtos, únicos no mercado.

II. **Desempenho**: produtos com alto grau de desempenho que apresentam resultado maior que os demais. Para isso, deve-se utilizar toda a tecnologia disponível.

III. **Personalização**: produtos feitos especialmente para cada cliente, do jeito que eles gostam e querem. As marcas devem conhecer seus consumidores um a um e atendê-los da forma que eles desejam.

IV. **Fazer o que deve ser feito**: é fácil prometer benefícios exclusivos ao anunciar um produto. Entretanto, entregar tais benefícios para além do anunciado, superando as expectativas do cliente, é o que agrega valor ao produto ou serviço.

V. *Design*: o *design* de um produto representa um diferencial enorme em todas as categorias, não somente pela beleza (pois pode fazer parte de uma decoração), mas pela praticidade de manuseio e uso. Logo, é interessante investir em soluções *design* mais "limpas", assim como em cores, formas e grafias.

VI. **Marca/*status***: marcas exclusivas, com preços *premium*, geram *status* para quem adquire seus produtos, uma vez que comunica mobilidade social e *status* ascendentes para determinadas comunidades de consumidores.

VII. **Preço**: no caso das marcas de luxo, quanto maior é o preço, mais valor tem o produto. Em relação a produtos de primeira necessidade, também vale o oposto.

VIII. **Redução de custo**: quanto maior for a redução de custo, menor será o preço praticado.

IX. **Redução de risco**: é um diferencial a empresa que atua para mitigar as falhas em processos internos, externos, de sistemas e de pessoas, atuando com transparência. Com isso, o cliente se sente seguro ao se relacionar com essa organização.

X. **Acessibilidade**: proporcionar acessibilidade aos produtos para que os clientes possam adquiri-los. Isso se refere tanto ao parcelamento no cartão de crédito quanto aos carnês para determinados públicos que não têm como comprovar renda ou moradia (estratégia utilizada por Samuel Klein na década de 1950, quando fundou a Casas Bahia).

XI. **Conveniência/usabilidade**: você conhece o dito popular de que o cliente sempre tem razão? Bem, os gestores devem definir as estratégias de modo que a empresa atue em um modelo capaz de colaborar intensamente com os consumidores e com seus anseios. Assim, a experiência de uso se tornará um diferencial, agregando valor à marca.

O profissional de marketing deve estar atento a essas e outras tantas propostas de criação de valor para o cliente, uma vez que um cliente perdido representa mais do que a perda de uma próxima compra, segundo Kotler (2021). Há também um custo para atrair um novo cliente, sendo que tal custo tende a ser cinco vezes maior do que para reter um consumidor; além disso, levará alguns anos para que o percentual de compra desse novo cliente se equipare ao do cliente perdido.

Portanto, lembre-se de que os motivos que fazem o cliente permanecer fiel à organização extrapolam o quesito preço; eles correspondem à **entrega de valor** para o cliente. Em razão disso, o profissional de marketing precisa conhecer o comportamento e as preferências dos consumidores.

Marketing transacional *versus* marketing de relacionamento

No marketing, sempre ouvimos o seguinte jargão: O cliente é o rei!

De fato, as empresas devem agir de modo que toda a atenção esteja direcionada a seus clientes, pois caso não atendam às necessidades e aos desejos do público em questão, outras empresas o farão. Isso certamente acarretará perda da fatia de mercado.

Nessa perspectiva, conforme apontado por Drucker (citado por Kotler, 2021, p. 133): "A única parte fundamental do lucro é o cliente".

Assim, o **marketing de relacionamento** visa à parceria duradoura com seus *stakeholders* (todos os públicos interessados e atingidos) ao ofertar produtos e serviços que encantem. Já o **marketing transacional** objetiva somete o lucro em determinada transação, não se importando com o relacionamento em longo prazo.

Há uma diferença entre marketing de relacionamento e marketing de transação. O marketing de relacionamento vai além da ideia da realização de um evento isolado, ou de uma troca pura e simples, cada vez que uma empresa faz uma venda. Na verdade, ele inclui elementos relacionais, tendo como objetivo de longo prazo as relações de colaboração entre as partes. A abordagem de vendas por transação, por sua vez, termina em ausência de compromisso após cada interação. Nesse caso, compradores e vendedores são incapazes de construir um relacionamento de longo prazo, o que poderia beneficiar ambas as partes. (Rocha, 2016, p. 72)

O maior desafio de uma organização é obter o reconhecimento de seus clientes. Por conta da competição acirrada, reter os clientes é uma tarefa bastante complexa para o sucesso da empresa no mercado. E para que isso aconteça, o cliente deve saber que tem um valor enorme para a organização, ou seja, que a preferência dele é muito desejada (Rocha, 2016).

Chiavenato (2022) reforça que, em vez de investir diretamente nos produtos e/ou serviços, a organização deve mudar seu foco para as pessoas que sabem como funciona determinado produto ou serviço. Na concepção do autor, quem faz o negócio são os clientes (pessoas), e não os produtos/serviços. Elas é que compõem o negócio e que estarão cada vez mais atreladas à marca da empresa. Em razão disso, o conhecimento do produto e da organização se torna indispensável para a fidelização do cliente, mas isso somente é possível quando se inverte o organograma da organização. A esse respeito, observe a Figura 1.5, a seguir.

Figura 1.5 – Organograma para fidelizar os clientes

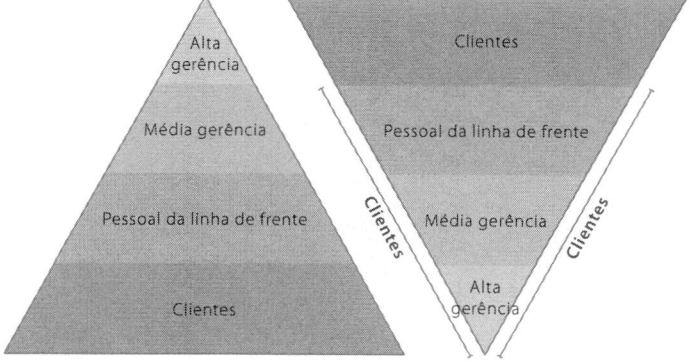

Fonte: Kotler; Keller, 2019, p. 136.

Com consumidores cada vez mais informados, as empresas precisam mais do que satisfazer às necessidades e aos desejos deles. Para além de encantá-los, elas precisam ouvi-los e atendê-los.

Em seu livro *Marketing 4.0*, Kotler, Kartajaya e Setiawan (2017) versam a respeito do processo de cocriação, por meio do qual os clientes fazem parte do processo de desenvolvimento de novos produtos. Foi o que a Whirlpool, detentora das marcas Brastemp, Consul e Kitchen Aid, fez em seu laboratório localizado na cidade de Rio Claro, em São Paulo. A organização convidou pessoas – na maioria, mulheres donas de casa ou empregadas domésticas, além de alguns homens – e lhes perguntou quais modelos de máquinas de lavar roupas elas possuíam ou utilizavam. Nessa investigação, a empresa inquiriu se havia alguma dificuldade em lidar com os aparelhos, o que poderia ser melhorado em relação ao desempenho, como lhes parecia o *design*, entre outros atributos e benefícios. As equipes de engenheiros e de *designers* estavam acompanhando a pesquisa para iniciar o processo de desenvolvimento de um novo produto.

Obviamente, assim fica muito mais fácil desenvolver um produto que satisfaça ao público-alvo. Esse é um exemplo de marketing de relacionamento, em que os consumidores se localizam no topo da pirâmide. Isso significa que suas opiniões são consideradas pela empresa, que os convida a pensar juntos em um produto que será desenvolvido para eles.

Já o marketing transacional está relacionado a uma transação comercial que, muitas vezes, ocorre sem interação humana. Em um processo de comunicação tradicional, mediante o qual um emissor encaminha uma mensagem ao público-alvo, não existe uma interação como uma via de mão dupla, ainda que sejam realizadas pesquisas de mercado.

Aqui não estamos nos referindo ao *e-commerce*, que até mesmo pode gerar várias interações. Aliás, algumas empresas o utilizam de forma brilhante. Elas oferecem conteúdos interessantes e promovem interação com os clientes por meio de caixas de perguntas, pedindo-lhes que forneçam sugestões, avaliem os produtos. A tecnologia pode ser usada da melhor maneira possível a fim de estreitar o relacionamento entre empresa e consumidores. Os processos das organizações devem ser pensados de tal forma que agreguem valor aos clientes. Além disso, os gestores precisam entender os processos e canalizar suas energias para atender aos requisitos dos clientes de modo eficiente e eficaz. Considerando o exposto, observe a Figura 1.6, a seguir:

Figura 1.6 – Processo de agregação de valor aos *stakeholders*

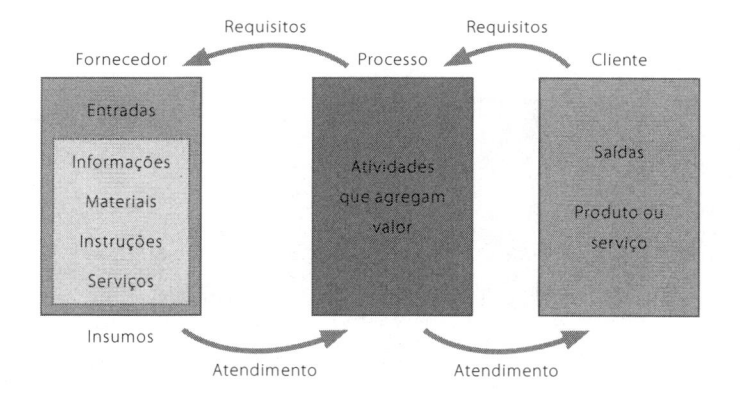

Fornecedor ← Requisitos	Processo ← Requisitos	Cliente
Entradas		
Informações	Atividades	Saídas
Materiais	que agregam	Produto ou
Instruções	valor	serviço
Serviços		
Insumos →	Atendimento →	Atendimento

Fonte: Silva; Zambon, 2015, p. 83.

Conforme se observa, uma boa gestão organizacional deve levar em conta os requisitos de todos os *stakeholders*. Isto é, o processo como um todo é determinante para atender ao cliente com excelência.

Necessidades *versus* desejos dos consumidores: como diferenciá-los e satisfazê-los?

As organizações precisam voltar sua atenção para os clientes. Elas têm de detectar as necessidades dos consumidores e de se adaptar a tais desejos, os quais, sabemos, estão em constante mudança. Por isso, é preciso compreender os clientes e atendê-los antes que a concorrência faça isso (Rolon et al., 2014).

Nessa perspectiva, conforme apontado por Dias (2011, p. 4), necessidade é "um estado de carência ou privação sentido por uma pessoa que provoca a motivação para o consumo como meio de superar tal estado".

Já nas palavras de Kotler e Keller (2019, p. 8), "necessidades são os requisitos básicos do ser humano, como comida, ar, água, roupas e abrigo". Essas são necessidades básicas, de sobrevivência, as quais são inerentes a todos os seres humanos, independentemente de cultura, etnia ou classe social, e ocupam a base da pirâmide das necessidades de Maslow (Figura 1.7).

Figura 1.7 – Pirâmide das necessidades de Maslow

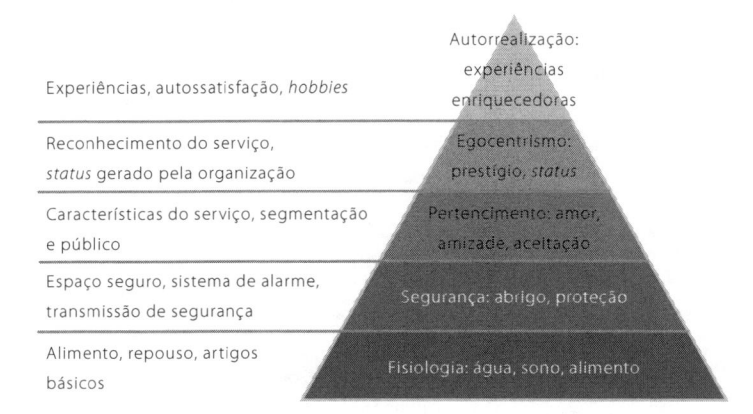

Descrição	Nível da pirâmide
Experiências, autossatisfação, *hobbies*	Autorrealização: experiências enriquecedoras
Reconhecimento do serviço, *status* gerado pela organização	Egocentrismo: prestígio, *status*
Características do serviço, segmentação e público	Pertencimento: amor, amizade, aceitação
Espaço seguro, sistema de alarme, transmissão de segurança	Segurança: abrigo, proteção
Alimento, repouso, artigos básicos	Fisiologia: água, sono, alimento

Há, pois, outros tipos de necessidades, tais como: de recreação, de educação, de fazer parte de um grupo, de ter segurança etc.

Então, você pode estar se perguntando: Como saber qual tipo de necessidade atender por meio de determinado produto?

É nesse ponto que se insere o conceito de desejo, pois tais necessidades se tornam desejos quando as empresas ofertam produtos específicos capazes de satisfazer às necessidades dos consumidores. Analisemos um exemplo.

Antes de tudo, é preciso lembrar que se deve considerar a cultura, já que a depender da cultura na qual a marca atua, os desejos das pessoas serão diferentes. Tomemos como exemplo a cultura japonesa.

Partimos da premissa de que todos os seres humanos precisam se alimentar para sobreviver, mas qual é a preferência dos japoneses ao escolherem um tipo de comida? Provavelmente, karê, ramen, udon etc. Diferentemente dos brasileiros, que tendem a escolher arroz, feijão, bife e batata frita. Ou seja, os desejos são moldados pela sociedade à qual os consumidores pertencem.

Eis aí a diferença entre necessidade e desejo. E o que isso tudo tem a ver com o marketing de relacionamento? A resposta é simples: quanto mais conhecer seus clientes, mas fácil será para a empresa oferecer algo que satisfaça às necessidades e aos desejos deles.

As necessidades também são classificadas em utilitárias e hedônicas, conforme explicado por Kotler e Keller (2019, p. 151):

Necessidades utilitárias relacionam-se a funções básicas e benefícios materiais. Se suas mãos estão sujas, você quer algo que o ajude a lavá-las. Se você está com sede, é motivado a encontrar algo para beber. Quando as pessoas são motivadas a satisfazerem necessidades utilitárias, elas tendem a ser racionais em suas escolhas. Por exemplo, um estudo de opiniões de consumidores sobre a compra de automóveis mostrou que eles estavam interessados primariamente em critérios utilitários como desempenho, confiabilidade e facilidade de manutenção, e não em uma aparência exterior atraente. Em contraste, necessidades hedônicas são relacionadas ao desejo de prazer e autoexpressão. Muitas pessoas gostam de tomar banho com um sabonete de perfume agradável ou de cantar e escutar músicas que as façam sentir-se bem. Decisões sobre a satisfação de necessidades hedônicas tendem a ser relativamente emocionais.

As propagandas de perfumes geralmente apelam para a necessidade hedônica que as pessoas têm de sentirem-se perfumadas e atraentes.

E para que a empresa conheça as necessidades utilitárias e hedônicas e os desejos de seus potenciais clientes, ela tem de aplicar diversas ferramentas. Uma delas é o RD Station CRM, que faz a gestão do relacionamento com o cliente. Trata-se de um conjunto de estratégias que visa criar valor mediante o conhecimento adquirido do cliente e tornar a oferta tão próxima de sua necessidade que pode torná-lo fiel à empresa. O CRM[2],

> *quando associado ao composto de comunicação mercadológica, auxilia no desenvolvimento de campanhas promocionais com maior capacidade de interferir no resultado da comunicação (mensagem) de tal forma que o cliente é positivamente induzido/orientado em favor da empresa, que, por sua vez, está compromissada com ele.*
> (Silva; Zambon, 2015, p. 172)

A satisfação da necessidade é atingida quando o resultado do desempenho do produto ou serviço se iguala à expectativa do cliente ou supera-a (Dias, 2011).

Produtos *versus* serviços: como se relacionar?

Segundo Silva e Zambon (2015), há inúmeras organizações voltadas para o atendimento das mais variadas necessidades, desejos ou expectativas das pessoas e das próprias organizações. Assim, na sociedade contemporânea, existem inúmeros tipos de empresas, com ou sem fins lucrativos, além de instituições

---

[2] Comentaremos mais detidamente a importância do CRM como ferramenta para o marketing de relacionamento no Capítulo 2 deste livro.

governamentais e não governamentais, todas com a finalidade de produzir algo, sejam mercadorias, serviços ou ambos.

Portanto, todas as empresas procuram satisfazer a seus clientes. Na área, há a máxima de que se a empresa não está atendendo ao cliente, seu trabalho é atender a alguém que esteja. Isso significa que as organizações ofertam produtos e serviços considerando as necessidades de seu público, desde as mais básicas até as de autorrealização, conforme mencionamos anteriormente.

Por conta disso, o profissional de marketing deve conhecer seus clientes tão bem a ponto de se antecipar aos desejos deles, ofertando-lhes produtos e serviços que extrapolem as expectativas deles e que proporcionem experiências únicas. Assim, a empresa poderá se tornar uma marca *top of mind* (ou seja, a primeira que vem à cabeça). Para atingir esse objetivo, uma das estratégias recomendadas é fazer o consumidor se aproximar da empresa, a fim de que ele faça parte do processo de desenvolvimento do produto. Nessa perspectiva, muitas empresas recorrem à técnica de *croudsourcing* para o desenvolvimento de novos produtos.

Logo, o profissional de marketing necessita monitorar o nível de satisfação de seus clientes, mesmo que eles tenham participado de um *croudsourcing*. Segundo Kotler (2021, p. 133), o mantra é o seguinte: "monitore o nível de satisfação de seus atuais clientes com seus produtos e serviços; não os desvalorize; elabore algo especial para eles de tempos em tempos; incentive o seu *feedback*". Portanto, toda organização deve inovar com base nas tendências e preferências dos consumidores. Eis aí a razão para se buscar um *feedback*, a fim de que a organização dialogue com seus clientes e consumidores. O diálogo deve, além disso, realizar-se em uma via de mão dupla (empresa-cliente), e ambos sempre devem caminhar de mãos dadas; afinal, esse é o **marketing do amor**.

Até este momento, muito já foi dito a respeito de produtos e serviços. Antes de seguirmos, vale diferenciá-los.

Um **produto** é um complexo de atributos tangíveis e intangíveis que deve ser oferecido a um mercado para apreciação e aquisição, uso ou consumo, com a intenção de satisfazer a um desejo ou a uma necessidade.

Por **atributos tangíveis** entende-se tudo aquilo que se pode manusear, mediar, cheirar... Enfim, são bens materiais tudo aquilo que pode ser adquirido, como aparelho celular, sofá, roupas, sapatos, chocolate etc.

Por seu turno, os **atributos intangíveis** aplicam-se aos serviços, os quais são consumidos ao mesmo tempo em que são produzidos. Quando se compra um serviço, o que se recebe é a experiência. Por exemplo: quando alguém tem seu cabelo cortado, leva para sua casa a experiência, independentemente de ter ou não gostado do corte. O mesmo raciocínio se aplica a quando alguém vai a um cinema ou a um restaurante.

Assim, mais do que olhar para os clientes, as marcas criativas precisam ver o consumidor como um ser humano inserido em um contexto histórico, o qual molda suas necessidades e seus desejos. Isso porque, somente dessa forma, será possível entendê-los e atendê-los.

Os clientes não fazem suas compras apenas pelas características físicas do produto, mas também por seus benefícios ou utilidades. Isso significa que o negócio deve acompanhar o passo do consumidor para oferecer, por meio do produto/serviço, um conjunto de benefícios (funcionais e emocionais) que o satisfaça. Para isso, é necessário realizar um estudo complexo das tendências de mercado e consumo.

Os serviços geralmente agregam valor aos produtos, oferecendo praticidade, comodidade, bem-estar, entre outros benefícios. Os serviços que acompanham um produto, como entrega, instalação e treinamento, também são componentes do produto.

Pense em quando alguém vai a uma loja e pode estacionar seu carro em um amplo local destinado para isso; ao entrar na loja, encontra atendentes educados e preparados para responder prontamente a seus questionamentos sobre a funcionalidade de determinado produto, além de um ambiente climatizado, música orquestrada, decoração moderna, caixas rápidos etc. Tais exemplos se referem a serviços agregados que fazem a diferença para determinado público-alvo.

No entanto, é importante considerar que certos públicos valorizarão o menor preço do mercado, e não os serviços ofertados – vale lembrar as diferenças entre as classes sociais. A esse respeito, Kotler (2021, p. 133) afirma: "Nenhuma empresa consciente tenta vender para todos os públicos".

Com base no estudo deste capítulo, podemos concluir que o marketing de relacionamento é uma ferramenta que busca criar valor por meio da intimidade ou da maior proximidade com o cliente. Ao agregar valor a um produto – por exemplo, com serviços que complementam as ofertas ao mercado –, a empresa passa a conhecer o cliente profundamente, e este, por sua vez, voluntariamente reduz suas opções de fornecedores.

Síntese

Neste capítulo, mencionamos a importância de compreender o escopo do marketing de relacionamento, assim como as estratégias para atender às rápidas e drásticas mudanças pelas quais a sociedade passa constantemente.

Assim, para selar o relacionamento entre organização e cliente, é preciso promover uma aliança de fidelidade e de parceria. É nesse ponto que entram em cena as habilidades e competências do professional de marketing, no sentido de fazer esse relacionamento ser longínquo, por meio da oferta de experiências que encantem os consumidores e os levem a se apaixonar pela marca.

Questões para revisão

1. O escopo do marketing de relacionamento aborda o *mix* de marketing de forma sistêmica. Considerando as inter-relações que podem existir nesse cenário, assinale a seguir a alternativa que corresponde corretamente ao conceito de marketing:

    a. Marketing é a essência da administração, a área mais importante da empresa, pois implica a divulgação dos produtos para venda.

    b. Marketing é a ciência e a arte de explorar, criar e proporcionar valor para satisfazer às necessidades e aos desejos de determinado público-alvo.

    c. Marketing diz respeito ao atendimento de todos os desejos dos consumidores, que estão sempre ávidos por consumir.

d. Marketing é sinônimo de publicidade e propaganda de produtos e serviços.
e. Todas as alternativas anteriores estão corretas.

2. Acerca do marketing de relacionamento, analise as afirmações que seguem e marque V para as verdadeiras e F para as falsas:
( ) As organizações precisam investir recursos a fim de que os clientes se sintam satisfeitos e repitam a compra dos produtos que elas vendem.
( ) O desinvestimento se vincula a questões ambientais ou sociais que comprometem a empresa.
( ) O marketing de relacionamento busca aproximar empresas e consumidores com a intenção de que elas possam lhes oferecer produtos com valor agregado, suprindo as necessidades dos clientes.

Agora, assinale a alternativa que apresenta a sequência correta de preenchimento dos parênteses, de cima para baixo:
a. F, V, V.
b. V, F, V.
c. F, F, F.
d. V, V, V.
e. F, F, V.

3. Sobre a evolução do marketing em um contexto histórico, antigamente a demanda era maior que a oferta, pois o mercado era carente de produtos. Com o passar das décadas, atingimos o atual cenário, em que as empresas investem em relacionamentos duradouros com seus clientes. Considerando essa contextualização, leia as afirmações que seguem:

I. O cliente é considerado o "rei", e as empresas devem atender a todas as suas necessidades e desejos.

II. As empresas devem ofertar produtos e serviços que atendam a todos os clientes, independentemente de suas características.

III. As empresas devem fazer pesquisas de marketing para entender as especificidades de cada segmento e, assim, atender a cada uma delas de forma a entregar valor.

Agora, indique a alternativa correta:

a. Estão corretas as afirmações I e III, apenas.
b. Estão corretas as sentenças II e III, apenas.
c. Estão corretas as sentenças I e II, apenas.
d. Todas as sentenças estão corretas.
e. Nenhumas das sentenças está correta.

4. Para que os clientes sejam leais, é necessário que as empresas e seus gestores entendam e implementem ações anteriores à conquista da lealdade. A esse respeito, cite ao menos dois passos que devem anteceder a lealdade dos clientes.

5. Segundo Rolon (2018), a comunicação de marketing se configura como um dos processos que gera resultados rápidos para a empresa, embora seja preciso considerar que essa comunicação não pode se referir apenas à mensagem do produto ou da marca. Explique o que isso significa.

Questões para reflexão

1. Atualmente, o maior desafio das empresas é encontrar um diferencial competitivo que seja sustentável, pois a concorrência acirrada encurta o ciclo de vida de um produto. Assim, as organizações atuam de forma "canibalesca", ou seja, "matam" seus próprios produtos para introduzir novos. Por outro lado, a sociedade clama por empresas socialmente responsáveis, que incentivem a reutilização e o total aproveitamento de todos os seus componentes. Diante desse panorama, reflita: Como criar um relacionamento de amor com todos os *stakeholders* (clientes, fornecedores, e demais públicos) nesse contexto?

2. Elon Musk, ao tornar públicas as patentes de seus carros elétricos, gerou uma publicidade ainda maior para a Tesla. Por meio dessa atitude, ele criou um relacionamento de amor com seus clientes e todos os *stakeholders*, pois oferta à sociedade um produto com tecnologia de ponta e instiga as demais empresas a investir nessa tecnologia que trará impactos positivos para o meio ambiente. Qual é sua opinião a respeito dessa ação de Elon Musk?

capítulo 2
a importância do cliente

Vanessa Estela Kotovicz Rolon

Conteúdos do capítulo
» Tipos de clientes.
» Tipologia do cliente potencial.
» Segmentação dos clientes.
» Componentes do marketing de relacionamento.
» Qualidade no atendimento e no relacionamento com o cliente.
» Cálculo do *customer lifetime value* (CLV).

Após o estudo deste capítulo, você será capaz de:
» distinguir os tipos de cliente e desenvolver estratégias adequadas para cada um deles;
» aplicar os componentes do marketing de relacionamento visando à qualidade no atendimento;
» calcular o valor do tempo de vida dos clientes.

Tipos de clientes

Os clientes podem ser classificados em duas grandes categorias:

1. **Consumidores finais:** referem-se aos indivíduos e às famílias que compram ou adquirem produtos e serviços para consumo pessoal – o chamado *business-to-consumer* (B2C).

2. **Consumidores empresariais:** compram determinada matéria-prima ou produto semiacabado e, dentro do processo produtivo, agregam-lhe valor; em seguida, ofertam-no ao mercado para satisfazer às necessidades ou aos desejos do público-alvo – o chamado *business-to-business* (B2B).

Portanto, o B2B diz respeito às organizações que compram bens e serviços a serem usados na confecção de outros produtos e serviços, os quais serão revendidos, alugados ou fornecidos para terceiros (Dias, 2011).

Independentemente do tipo de cliente, ele passa pelas seguintes etapas (Figura 2.1):

Figura 2.1 – Etapas do processo de compra que leva à satisfação do cliente

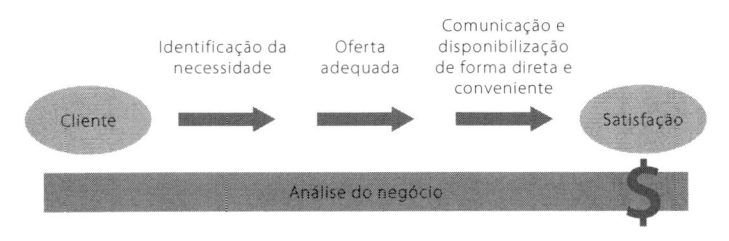

```
                    Identificação da      Oferta       Comunicação e
                      necessidade        adequada      disponibilização
                                                       de forma direta e
                                                       conveniente
         Cliente    ───▶    ───▶    ───▶    Satisfação
                           Análise do negócio                    $
```

Fonte: Zenone, 2017 p. 9.

A despeito disso, algumas características definem tais consumidores como B2C e B2B. A seguir, analisaremos cada um desses mercados e seus respectivos clientes.

De acordo com Dias (2011, p. 38), os consumidores podem assumir diferentes papéis no processo de compra: "o especificador, o influenciador, o comprador, o pagante, o usuário ou aquele que consome o produto, que percebem e assumem atitudes diferenciadas diante dos estímulos de marketing, de acordo com o envolvimento e comprometimento com a compra, numa determinada situação ou contexto".

Para o marketing de relacionamento, é importante que os gestores compreendam a importância da tipologia do cliente potencial (Gráfico 2.1), para que estratégias pertinentes sejam implementadas.

Gráfico 2.1 – Tipologia do cliente potencial

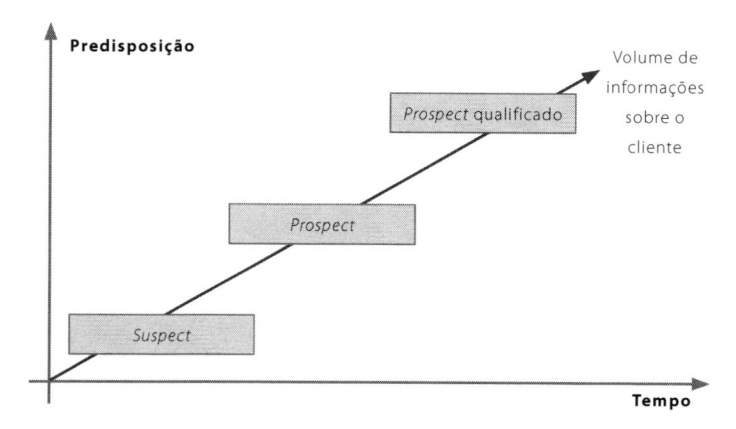

[Gráfico: eixo vertical "Predisposição / Volume de informações sobre o cliente", eixo horizontal "Tempo", com os níveis crescentes: Suspect, Prospect, Prospect qualificado]

Fonte: Dias, 2011, p. 39.

» *Suspect*: refere-se ao possível comprador, que pode ser uma pessoa ou uma empresa. Cada um dos possíveis compradores está agrupado em determinada segmentação de mercado.

» **Prospect**: pessoa ou empresa que pode se beneficiar do produto ou serviço e que tem potencial financeiro e poder de decisão para a compra. Para considerar um *suspect* como *prospect*, deve-se ter um conjunto de informações qualificadas sobre ele.

» **Prospect qualificado**: segundo Dias (2011, p. 39), o *prospect* qualificado:

pode surgir quando se inicia o processo de relacionamento com o prospect e este manifesta algum tipo de interesse na empresa, quer solicitando literatura, assistindo a um seminário, pedindo a visita do vendedor, cadastrando-se no site ou indo à loja. A importância dessa tipologia é a possibilidade de desenvolver um prospect ao aumentar o conhecimento deste sobre o produto e/ou alterando sua percepção com o uso da comunicação.

Atualmente, um dos aspectos com que as empresas mais se preocupam é a manutenção e a fidelização dos clientes. Para alcançar isso, a organização tem de entender e sustentar o relacionamento pós-venda. Vale assinalar que as organizações que mantêm um relacionamento pós-venda são as que obtêm maior índice de clientes fiéis à marca. Isso significa que entrar em contato para receber *feedback* do produto ou serviço e deixar os clientes informados sobre novos produtos, novas funcionalidades e/ou tendências de mercado são ações que estimulam o cliente a se aproximar da marca – a lealdade é a principal variável para a classificação do cliente.

As pessoas ou organizações que podem se tornar clientes de uma empresa e que manifestam predisposição de compra são designados *clientes potenciais*; já os que realizam a primeira compra são denominados *experimentadores*.

Para o cliente repetir a compra, é preciso que a experiência gere uma atitude positiva no cliente e, assim, fidelize-o à marca. Obviamente, se o consumidor comprar várias vezes da mesma empresa, haverá grande probabilidade de ele indicar a marca a outras pessoas e, até mesmo, defendê-la se necessário.

Quando uma empresa considera estratégias de fidelização para clientes do mercado B2C, é fundamental analisar os processos de compra dos consumidores (Figura 2.2).

Figura 2.2 – Processos de compra do consumidor

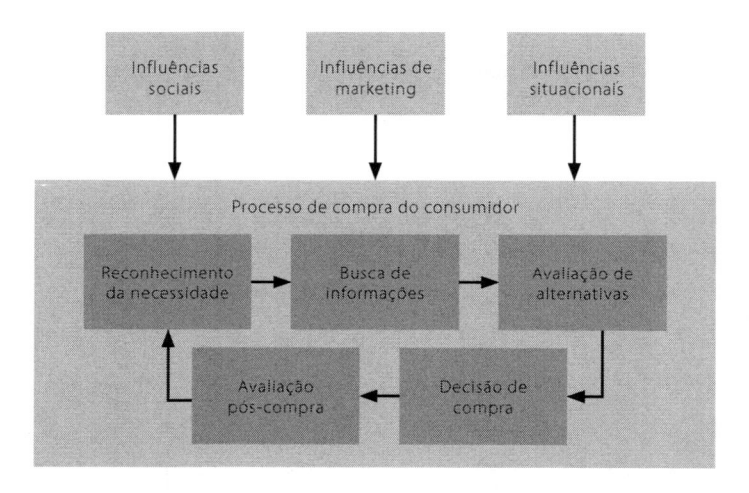

```
┌─────────────┐   ┌─────────────┐   ┌─────────────┐
│ Influências │   │Influências de│   │ Influências │
│   sociais   │   │  marketing  │   │ situacionais│
└──────┬──────┘   └──────┬──────┘   └──────┬──────┘
       │                 │                 │
       ▼                 ▼                 ▼
┌──────────────────────────────────────────────────┐
│         Processo de compra do consumidor         │
│  ┌──────────────┐   ┌──────────┐   ┌──────────┐  │
│  │Reconhecimento│──▶│ Busca de │──▶│Avaliação │  │
│  │da necessidade│   │informações│   │de        │  │
│  │              │   │          │   │alternativas│ │
│  └──────┬───────┘   └──────────┘   └──────────┘  │
│         ▲                                ▼       │
│  ┌──────┴───────┐              ┌──────────────┐  │
│  │  Avaliação   │◀─────────────│ Decisão de   │  │
│  │  pós-compra  │              │   compra     │  │
│  └──────────────┘              └──────────────┘  │
└──────────────────────────────────────────────────┘
```

Fonte: Churchill; Peter, 2009, p. 149.

Os consumidores iniciam o processo de compra quando identificam uma necessidade. Com o objetivo de satisfazerem a essa necessidade, buscam informações sobre produtos similares de várias marcas, para, então, tomarem uma decisão de compra. Caso optem pela compra de determinado produto ou serviço e, de fato, realizem-na, o passo seguinte será fazer a avaliação dessa aquisição, principalmente se for um item caro. Nesse cenário, poderá haver uma dissonância cognitiva ou um arrependimento pela escolha feita, e é aqui que entra o profissional de marketing responsável pelo relacionamento pós-compra. A ele compete reforçar os benefícios do produto e suas características de exclusividade, proporcionando conforto ao cliente ao levá-lo à certeza de ter feito a melhor escolha.

No mercado B2B, os compradores organizacionais podem abranger desde uma banca de revistas até uma montadora de carros. São em menor número que o B2C, mas os valores envolvidos nas transações são maiores.

A esse respeito, observe o Quadro 2.1, que apresenta características específicas dos compradores organizacionais (o mercado B2B) e aos consumidores finais (mercado B2C).

Quadro 2.1 – Comparação entre consumidores organizacionais e consumidores finais

Característica	Compradores organizacionais	Consumidores
Número de compradores no mercado	Poucos	Muitos
Tamanho das compras (quantidade e valor unitário)	Grande	Pequeno
Critérios de decisão	Primariamente racionais	Racionais e emocionais
Interdependência entre comprador e vendedor	Forte	Fraca
Número de pessoas envolvidas nas decisões de compra	Muitas	Poucas

Fonte: Churchill; Peter, 2009, p. 147.

Os clientes organizacionais são extremamente racionais em suas decisões. Nessa ótica, a relação entre os vendedores e os compradores é direta. Logo, o vendedor explicará todas as características técnicas do produto, os benefícios que ele proporcionará em termos de produtividade e qualidade, se tem tecnologia embarcada, o valor agregado, entre outros aspectos. Portanto, esse relacionamento face a face é essencial em todo o processo. Diante do exposto, de acordo com Rolon (2018, p. 62):

> o marketing B2B tem como finalidade a construção de um relacionamento duradouro com distribuidores, revendedores, varejistas e parceiros. Afinal, quando uma empresa vende um produto para outra empresa, quase sempre está vendendo um dos componentes que farão parte do produto que, por sua vez, é destinado ao consumidor final.

Logo, não basta ter um produto diferenciado e preços competitivos. Uma empresa que deseja sobreviver necessita focar no mercado e contar com um gerenciamento eficiente e eficaz em todas as etapas do processo de compra. Na esteira desse raciocínio, Kotler e Keller (2006, p. 16) argumentam que:

> O marketing de relacionamento tem como meta construir relacionamentos de longo prazo mutuamente satisfatórios com partes-chave – clientes, fornecedores, distribuidores e outros parceiros de marketing – a fim de conquistar ou manter negócios com elas. Ele constrói fortes ligações econômicas, técnicas e sociais entre as partes [...] O marketing de relacionamento envolve cultivar o tipo certo de relacionamento com o grupo certo. O marketing deve executar não só a gestão de relacionamento com o cliente (customer relationship management – CRM), como também a gestão do relacionamento com os parceiros (partner relationship management – PRM), que se constitui de quatro elementos principais: clientes, funcionários, parceiros de marketing (canais, fornecedores, distribuidores, revendedores, agências) e membros da comunidade financeira

(*acionistas, investidores, analistas*). (Kotler; Keller, 2006, p. 16, grifos do original)

Resumidamente, trata-se do exposto no Quadro 2.2.

Quadro 2.2 – Especificidades dos diferentes tipos de clientes

Clientes finais	Destinatários finais dos produtos (mercadorias ou serviços). O grupo principal dos clientes finais é formado por pessoas, unidades familiares ou empresas. Organizações não governamentais (ONGs) e governos também são, muitas vezes, clientes finais.
Clientes intermediários	Organizações que adquirem os produtos para revenda, transformação ou distribuição gratuita (sem contraprestação direta). Elas não adquirem os produtos para si, mas para repassá-los, transformados ou não. Assim, todas as empresas que se dedicam às atividades comerciais, no atacado ou no varejo, são clientes intermediários de algum ou de alguns fornecedores

Fonte: Elaborado com base em Silva; Zambon, 2015.

Segmentação dos clientes

A segmentação de mercado corresponde ao processo de dividir um mercado em grupos de compradores potenciais que tenham necessidades e desejos semelhantes, assim como percepções de valor ou comportamentos de compra parecidos. Isso aplica-se tanto ao mercado B2C quanto ao B2B, pois uma das funções do profissional de marketing é analisar esses mercados e identificar as oportunidades de negócios a serem desenvolvidas em determinados segmentos. Para isso, é necessário responder a algumas questões importantes, como: A quem interessa o produto ou quem pode estar interessado em receber o benefício que esse produto (ou serviço) oferece? Quem é o cliente? Qual é o perfil do cliente potencial? Que tipo de pessoa e de consumidor é esse cliente? Quais são seus hábitos de compra e seu estilo de vida? Para obter essas respostas, as organizações utilizam as informações do mercado e dados de pesquisa para, assim, decidirem qual ou quais segmentos atender. Isso porque o grupo, após ser segmentado, tende a reagir de modo semelhante a determinadas estratégias de marketing, o que viabiliza elaborar estratégias mais acuradas. O segmento específico de mercado que uma organização seleciona para desenvolver estratégias de marketing é chamado de mercado-alvo.

As empresas podem dividir seu mercado total – de indivíduos ou de organizações com o desejo e a capacidade de comprar bens ou serviços – em segmentos relativamente homogêneos. Segundo Churchill e Peter (2009, p. 209): "Esse processo é conhecido como segmentação de mercado. Com base nos resultados, a empresa decide qual desses segmentos servir e como servi-lo".

Os profissionais de marketing podem escolher entre várias maneiras para segmentar mercados, e algumas delas serão detalhadas a seguir

Dados demográficos

A coleta de dados demográficos consiste na maneira mais usual de segmentar um mercado, pois se utiliza das características da população. Essa abordagem segmenta os consumidores de acordo com variáveis como sexo, idade, raça ou etnia, nível de renda, ocupação, nível de instrução, tamanho e composição da família.

Tomemos como exemplo a variável tamanho e composição da família. Atualmente, os casais têm optado por não ter filhos, mas muitos deles têm preferido adotar ou comprar animais de estimação. Não à toa, em todas as cidades brasileiras, houve um considerável aumento de *pet shops*. Essa não é uma tendência nacional, mas mundial. Assim, empresas atentas a essa mudança aproveitaram a oportunidade do mercado para atender a esse segmento com a oferta de produtos e serviços

Dados geográficos

Para usar a segmentação geográfica, os profissionais de marketing dividem o mercado total em grupos, conforme a localização ou outros critérios geográficos, como densidade populacional ou clima. Para quem atende a mercados globais, a segmentação por país é bastante indicada (Churchill; Peter, 2009). O profissional de marketing considera a localização para atender a seus clientes segundo as preferências moldadas pela cultura daquele local, como é o caso das regiões do Brasil. As preferências da Região Sul tender a ser bastante diferentes das da Região Nordeste, por exemplo.

Assim, um profissional de marketing contratado para desenvolver o *mix* para uma empresa do setor de alimentos que pretende atender ao mercado nacional com pratos congelados vendidos em supermercados pode utilizar os dados de pesquisas sobre as preferências alimentares dos brasileiros. Pode decidir, por exemplo, atender aos supermercados do Nordeste com pratos mais condimentados, e os do Sul e do Sudeste, com menos temperos, levando em conta as preferências locais de acordo com a segmentação geográfica.

Além das regiões, é possível segmentar por bairros e até por ruas. Um exemplo é a Rua da Consolação, em São Paulo, conhecida como a rua dos lustres

Dados psicográficos

Estão relacionados ao modo como as pessoas levam suas vidas e se dividem nas seguintes categorias:

> **Estilo de vida:** trata-se de uma das formas mais comuns. Por exemplo, a pessoa viaja aos fins de semana, prefere praia a montanha, ou não viaja porque é *workaholic* (pessoa que sente prazer somente trabalhando).

> **Fatores psicológicos, antropológicos e sociológicos:** é possível que um judeu, mesmo morando no Brasil há anos, mantém as tradições milenares do judaísmo, por exemplo.

> **Autoconceito:** a pessoa precisa da aprovação de outras, pois tem baixa autoestima.

> **Personalidade:** o cliente é comunicativo, gosta de festas.

> **Valores:** a pessoa valoriza os momentos em família. Nesse ponto, consideramos também suas atividades, além de interesses e opiniões.

Segmentar considerando os dados psicográficos não é uma tarefa fácil, mas muitas vezes é necessário. A esse respeito, de acordo com Dias (2011, p. 23):

O *Values and Lifestyles Program (VALS-2)*3, por exemplo, tipifica, para efeito de segmentação psicográfica, os seguintes tipos:

» *efetivadores* (actualizers): independentes, líderes, arrojados, gosto sofisticado;
» *satisfeitos* (fulfilleds): organizados, autoconfiantes, intelectuais, buscam funcionalidade;
» *confiantes* (believers): positivos, respeitosos, fiéis, preferem marcas nacionais ou já estabelecidas;
» *realizadores* (achievers): convencionais, pragmáticos, conscientes de marca;
» *batalhadores* (strivers): alegres, tendenciosos, imitam aqueles que têm prestígio;
» *experimentadores* (experiencers): impacientes, impulsivos, espontâneos;
» *fazedores* (makers): práticos, autoconfiantes, orientados para a família,
» menos impressionados por posses materiais; e
» *lutadores* (struglers): cudadosos, conservadores, conformistas.

Dados comportamentais (benefícios)

O mercado é dividido com base nos benefícios procurados pelos clientes, pois há pessoas que adquirem produtos para suprir suas necessidades básicas, e outras, apenas para ostentar. Na compra de um carro, por exemplo, alguns preferem a economia de combustível, e outros prezam por atributos como potência, velocidade etc. Grupos diferentes procuram benefícios distintos na mesma categoria de produtos. Há quem seja estimulado por valores estéticos e, por isso, adquire um relógio caro para ostentar luxo, ao passo que outras pessoas preferem um relógio prático e barato.

Sobre isso, vale a pena reforçarmos que os benefícios podem satisfazer a necessidades físicas, psicológicas, sociais ou emocionais. Entender isso totalmente é crucial para desenvolver estratégias de marketing que muito provavelmente fidelizarão seus clientes.

Nessa ótica, é importante que o profissional de marketing atente para o potencial de mercado ao realizar a segmentação, para que obviamente escolha o de maior potencial. Para ilustrar o exposto, recorreremos a um exemplo citado por Dias (2011).

Suponha que uma empresa do setor de alimentos (bens de conveniência) queira explorar uma região que engloba três grandes cidades situadas ao longo de determinada rodovia. Para isso, a organização precisa conhecer o tamanho relativo, ou seja, o potencial de mercado dessas cidades.

Uma vez que os gêneros alimentícios são consumidos por todas as pessoas, a maneira mais simples de calcular o potencial seria a expressa na Tabela 2.1.

Tabela 2.1 - Segmentação geográfica por população

	Cidade A	Cidade B	Cidade C	Total
População (milhões de pessoas)	2,5	1	1,5	5
%	50	20	30	100

Desse modo, a empresa constataria que a cidade A representa metade do potencial total avaliado. A cidade A é 2,5 vezes maior que a cidade B, e a cidade C é 1,5 vez maior que a cidade B.

Portanto, o profissional de marketing precisa ter em mente que, para criar um relacionamento de amor duradouro, deve conhecer seu cliente em todas as suas *nuances* de gostos, preferências, modo de levar a vida, valores etc. Ao obter o máximo possível de dados sobre os consumidores, mais próxima deles a empresa estará. Assim, será mais fácil identificar o que eles de fato precisam, como desejam que determinado produto seja embalado, como fazer o pós-venda etc. Enfim, o que pode parecer apenas um detalhe, para o cliente, faz toda a diferença.

Os componentes do marketing de relacionamento

As tecnologias voltadas para a gestão do relacionamento com os clientes têm ganhado notoriedade também em empresas de pequeno porte, já que as organizações de maior relevância discutem essas tecnologias há vários anos. A IBM e a Microsoft, por exemplo, estão na vanguarda quando o assunto são sistemas de informação e processamento de dados referentes ao mercado, principalmente sobre os clientes. Além dessas duas grandes empresas, outras contam com sistemas avançados de *customer relationship management* (CRM), *enterprise resource planning* (ERP), *data mining, business intelligence* (BI) e *big data*, entre outros.

Segundo Silva e Zambon (2015), a tecnologia de ponta possibilita que as empresas façam o acompanhamento das preferências dos clientes, dos padrões de compra e de consumo, além de condições de pagamento e financiamento. Nesse sentido, as ferramentas mais utilizadas são:

CRM: *está alicerçado nos clientes e nas relações das organizações com eles, bem como nos potenciais clientes (aqueles que não são clientes, mas têm potencial para sê-lo no futuro), nos concorrentes, nas informações sobre os clientes, nos lançamentos de novos produtos e serviços para atender às demandas dos grupos de clientes e nas ações competitivas estabelecidas entre as organizações.*

Big Data: *refere-se a um conjunto de soluções tecnológicas capaz de lidar com dados digitais sobre clientes ou sobre qualquer outro aspecto de interesse, sendo que tais dados estão disponíveis ou são encontrados em enorme volume e variedade e cujo processamento se dá em altíssima velocidade.* Em termos práticos, o Big Data é uma tecnologia que permite analisar qualquer tipo de informação digital em tempo real, daí sua importância para o processo de tomada de decisão organizacional. Também é importante frisar que, como os volumes de dados são extremamente grandes, sua análise requer ferramentas preparadas especialmente para lidar com eles. (Silva; Zambon, 2015, p. 172, grifos do original)

    Essas duas tecnologias se complementam. O CRM[1] possibilita o acompanhamento do relacionamento da empresa com os clientes no processo de vendas e de pós-venda, e o *big data* faz todo o processamento de dados em tempo real. Tais dados podem ser encontrados na internet, por exemplo, mas também são gerados pelas próprias empresas. Portanto, é fundamental gerar dados para serem analisados, proporcionando, assim, o desenvolvimento de estratégias direcionadas para o alvo correto.

---

[1] Assunto abordado em mais detalhes no Capítulo 6.

Entre as condições práticas que justificam o investimento em CRM, listamos as seguintes:

» custa bem menos manter os clientes atuais do que obter novos;
» a forma como a organização atende aos clientes é um importante diferenciador competitivo;
» o bom atendimento e o conhecimento sobre as preferências do cliente, entre outros aspectos, fomentam a fidelização.

Inserir o CRM no rol de componentes do marketing de relacionamento é um desafio imposto ao profissional dessa área. Todavia, em termos de tecnologia, a empresa que investe nisso tem a seu dispor equipes ou terceiros que trabalham em conjunto para gerar esses dados. A respeito do CRM, o importante é que toda a empresa foque nesse processo.

O CRM deve ser adotado como uma filosofia com a qual os colaboradores de todos os departamentos devem estar engajados. Afinal, não basta que o alto *staff* tenha conhecimento dela; os funcionários de frente também necessitam ser treinados e orientados para atender aos clientes. Do contrário, o retorno sobre o investimento em CRM certamente ficará aquém do esperado.

Ademais, essa ferramenta tem de ser entendida como um processo, uma vez que as etapas para a construção de um negócio estão voltadas à conquista e à retenção de clientes. A cada interação entre empresa e consumidores, faz-se necessário atendê-los ainda melhor e de forma personalizada.

Para isso, é preciso ouvir os clientes, registrar todas as informações coletadas e alimentar o banco de dados. Com isso, é possível compreender melhor o perfil deles e identificar a interação mais pertinente, já que o CRM é uma ferramenta tecnológica baseada em dados sobre os clientes capaz de cruzar os dados e indicar o perfil e as preferências de consumo do público-alvo.

Considerando mercados hipercompetitivos, é relevante refletir a respeito do que gera a eficácia. Assume-se que organizações que prezam pela excelência devem procurar entender o que seus clientes valorizam, a fim de ofertar produtos ou serviços consonantes com tal percepção. Segundo Demo (2014), mais que produzir produtos e serviços de qualidade superior, uma organização deve promover satisfações superiores em todos os seus relacionamentos.

Sob essa perspectiva, as empresas precisam de dados para tomar decisões, mas quais técnicas devem utilizar? Pode ser uma pesquisa por meio de *focus group* (grupo de foco), entrevistas individuais ou outras. O importante é saber o que se deve perguntar, para que assim a organização disponha das informações necessárias para identificar o que é valor para seus clientes.

Silva e Zambon (2015) propõem a utilização dos pontos de percepção da qualidade (PPQs) como instrumento para identificar o que se deve perguntar/observar:

> *PPQ refere-se a qualquer atributo que possa fazer com que o cliente perceba qualidade numa organização e naquilo que está sendo oferecido por ela. Em outros termos, o PPQ trata da qualidade percebida pelo cliente. Pode ser o sabor de um prato em um restaurante;*

a limpeza dos banheiros de um consultório médico; a limpeza das ruas de uma cidade; a existência de vagas para estacionamento numa loja; o aroma de um vinho; o desempenho de um automóvel; a rapidez de uma conexão via internet; a imagem retratada por um cartão de visitas; o bom gosto de uma propaganda e muito mais. (Silva; Zambon, 2015, p. 92)

A identificação dos pontos de percepção da qualidade é primordial para que a organização saiba o que o cliente almeja e, assim, investigue o que ele valoriza em cada PPQ – lembrando que a interação entre cliente e empresa nem sempre é necessária. Por exemplo: em um hotel, o consumidor percebe a cama confortável, lençóis limpos, macios e cheirosos, e o que ele almeja? Que sua estadia seja aconchegante. Portanto, esse pode ser um dos PPQs de um hotel. Logo, cada empresa, após definir quem é seu público-alvo, deve analisar seus PPQs a fim de atrair as pessoas de tal segmento ou reforçá-los para os atuais consumidores.

Assim, não basta conhecer os clientes; é necessário que a empresa seja conhecida por eles em razão de um relacionamento de excelência.

Já explicamos que o CRM é uma maneira sistemática de aplicar o marketing de relacionamento na prática. Agora, listaremos os passos para firmar esse relacionamento, conforme descrito por Gummesson (2010):

» reconhecer os clientes individuais e estabelecer como eles podem ser alcançados;
» diferenciar os clientes considerando seus valores e suas necessidades;

» interagir com eles por meio de diálogos;
» tratar cada cliente como único (personalização) mediante contatos pessoais ou processos automatizados;
» fazer do relacionamento um contínuo relacionamento de aprendizagem.

A aplicação desses passos não é fácil e exige persistência. Para isso, o CRM operacional pode ser de grande auxílio, pois fornece dados sobre os clientes e garante suporte para as vendas e para o atendimento ao consumidor. No entanto, dois aspectos são relevantes para tornar o CRM um sucesso:

> 1) *Estabelecer o relacionamento cliente-fornecedor no contexto da rede de relacionamentos de toda a empresa, como os relacionamentos com os concorrentes, governos, mídia e clientes internos, isto é, relacionamentos de mercado, mega e nanorelacionamentos. Caso contrário, os relacionamentos cliente-fornecedor apenas irão pairar entre as nuvens e nunca tocarão o chão da realidade.*
> 2) *Equilibrar a TI com o contato humano. Os aspectos humanos foram exemplificados aqui, juntamente com o suporte de TI e sua saplicações.* (Gummesson, 2010, p. 62)

Em suma, o CRM consiste em uma filosofia do marketing de relacionamento, a fim de que a empresa seja capaz de desenvolver estratégias amorosas com seus clientes.

Segundo Gummesson (2010), a maioria das empresas é tentada a seguir a estratégia do avestruz: enterra a cabeça na areia e não enfrenta a realidade, pois crê que instalar sistemas, *softwares* e pacotes de consulta será o suficiente, na esperança de que essas ferramentas resolvam todos os seus problemas.

Qualidade no atendimento e no relacionamento com o cliente

Considere a seguinte situação: O que é preferível, que o cliente reclame da qualidade de determinado produto ou que ele procure um concorrente e deixe de ser cliente? Certamente, é melhor ele seguir como cliente.

Também é preferível que ele reclame diretamente para a empresa a fazê-lo para as pessoas de seu círculo de amizades. Pior é quando ele recorre às redes sociais para se queixar de alguma ação de que não gostou. Portanto, as organizações devem estabelecer canais que permitam a seus clientes sinalizar quando algo não está indo bem, além de estimulá-los a reclamar quando as expectativas não estão sendo atendidas. Somente dessa forma é possível reverter o processo. Afinal, assumir que tudo está ocorrendo da melhor maneira possível pode ser arriscado demais.

A esse respeito, Silva e Zambon (2015, p. 91) declaram que, "as empresas se digladiam em busca da preferência do cliente. Usamos a expressão digladiar para que o leitor fixe em sua mente que essa luta é realmente de vida ou morte".

O principal relacionamento do marketing ocorre entre duas partes: a que vende e a que compra. Nas vendas pessoais, o cliente fica cara a cara com o vendedor, como em uma loja física. Entretanto, as vendas também podem ser realizadas via telefone, redes sociais, aplicativos etc. Há várias e diferentes maneiras de o fornecedor de um produto ou serviço se relacionar com seus clientes. E, como mencionado anteriormente, zelar pelos clientes antigos é mais vantajoso do que procurar e conquistar novos consumidores. Nas palavras de Gummesson (2010, p. 56), "a estratégia é: corteje seus próprios clientes antes de começar a cortejar os clientes alheios".

Um provérbio de vendedores diz que a função deles não é fazer vendas, mas fazer clientes, e se a empresa é boa, eles retornarão, com maior probabilidade de gastarem mais. Trata-se, portanto, de um círculo virtuoso.

Estamos na era dos consumidores híbridos (centauros – seres mitológicos que são metade homem, metade animal), que atuam em vários canais e, ainda assim, atendem a suas necessidades, impulsionados por seus comportamentos, e realizam várias outras atividades on-*line* e *off-line*. Isto é, um consumidor metade tradicional metade cibernético, do racional e emocional, da comunicação *on-line* e da presença física.

Logo, cabe ao gestor de marketing analisar o perfil dos consumidores, pois, apesar dos avanços da tecnologia, ainda existe uma convergência entre novos e antigos comportamentos.

É certo que as novas tecnologias têm mudado o modo como os clientes se relacionam com as empresas, tanto na modalidade *on-line* quanto na *off-line*. Isso tem transformado o marketing de relacionamento, para que haja qualidade no atendimento.

Diante desse cenário, os clientes insatisfeitos podem tomar duas decisões:

I. Não reclamar e buscar por produtos e serviços dos concorrentes e/ou produtos substitutos.

II. Reclamar diretamente para a empresa fornecedora do produto/serviço ou por meio do *site* Reclame Aqui, do Procon ou das redes sociais. Nesses casos, uma grande parte do público-alvo poderá ter ciência do que gerou a insatisfação.

Considerando o exposto, o que um profissional de marketing poderia fazer para evitar que outros clientes sejam contaminados pela disseminação da insatisfação de alguns? Para isso, várias estratégias podem ser aplicadas, mas o crucial é: a empresa não pode fingir que nada aconteceu. É necessário que ela contate os clientes insatisfeitos, reavalie as reclamações e tome decisões que venham ao encontro as necessidades e dos desejos deles. Com tais estratégias, poderá reverter o quadro e criar uma imagem positiva de empresa que dialoga com os consumidores.

Sob essa ótica, desenvolver a escuta ativa é fundamental para que novas soluções e ajustes sejam implementados. Lembre-se de que estamos na era da cocriação, ou *croudsourcing*. Portanto, a organização precisa dispor de vários canais para que os clientes se comuniquem com ela. É por esses meios que as sugestões chegam até a empresa e que o portfólio de produtos pode ser expandido com a participação dos clientes, o que, com efeito, os levará a um nível muito maior de satisfação.

Os responsáveis pelo atendimento precisam desenvolver competências especificas, e uma delas é a recém-citada **escuta ativa**. Além dela, empatia, boa comunicação e capacidade para gerenciar crises são valiosas para esses profissionais, que devem ter autonomia para resolver problemas.

Todos gostam de ser atendidos com delicadeza e de forma amável. Além disso, todo cliente precisa se sentir seguro de que suas solicitações serão atendidas.

Nessa ótica, uma forma de atender ao cliente gerando satisfação é por meio da **personalização dos produtos**, a qual pode ser realizada para cada cliente individualmente ou ser feita em massa. Por exemplo: o consumidor pode ir a uma rede de franquias de café e pedir essa bebida da forma que lhe satisfaz; quando recebe, ela vem em uma caneca com seu nome. Portanto, além da qualidade, que se espera excepcional, a personalização encanta o cliente. O que acontece sem seguida? A maioria das pessoas tira fotos e posta nas redes sociais. Assim, além de fascinar o cliente, a empresa acaba captando mais consumidores, em virtude da imagem positiva de cuidado, zelo, carinho e amor dedicado às pessoas. Outro exemplo diz respeito aos automóveis: um cliente pode escolher vários e diferentes tipos de acessórios que atendam a suas necessidades.

Quanto à **customização em massa**, diversas empresas fabricam produtos e serviços elaborados de maneira individual. A tecnologia possibilita que elas ofereçam produtos únicos a centenas, milhares ou milhões de clientes. Um exemplo da customização em massa é da empresa Levi's. O cliente vai a uma das lojas, um atendente tira as medidas e, em poucos dias, a calça é entregue na casa dele ou ele pode retirá-la na loja – uma roupa feita sob medida, ou seja, exclusiva. Portanto, essa forma única de atender ao cliente em todas as suas especificidades faz a empresa ser lembrada pelos consumidores quando eles pensam em fazer uma compra, além de ser uma maneira de fidelizar os clientes, pelo amor no que faz e pela forma como faz.

Cálculo do *customer lifetime value* (CLV)

Em um cenário hipercompetitivo como o atual, não basta que a empresa tenha dados dos clientes. Ela precisa estimar o valor real o mais precisamente possível de cada um deles.

Como condição básica para a permanência no mercado, as organizações buscam fidelizar os atuais clientes e atrair novos. Essa necessidade impulsiona os profissionais de marketing a repensar suas estratégias relativas ao posicionamento, à qualidade dos seus produtos e/ou serviços e ao diálogo que estabelece com eles, a fim de satisfazê-los e de obter a lealdade a longo prazo. Aqui, vale clarificarmos a diferença conceitual entre fidelidade e lealdade.

A **lealdade** está relacionada a um sentimento profundo e intenso. O cliente leal até pode ser apresentado a várias empresas, mas fará uma recompra com a marca que o levou a experimentar certas sensações.

Por sua vez, a **fidelidade** refere-se ao cliente envolvido com a marca, sendo aquele que se mantém presente. Portanto, é voluntária a decisão de continuar prestigiando a marca sempre que necessita de um produto e/ou serviço.

Os profissionais de marketing, principalmente na área do marketing de relacionamento, procuram investir em ferramentas que auxiliem no relacionamento com o cliente, a exemplo do já citado CRM. Logo, as organizações estão cada vez mais investindo para ter clientes satisfeitos.

Empresas bem-sucedidas obtêm dados brutos referentes às transações financeiras e adquirem informações gerenciais e contábeis detalhadas dos clientes.

Assim, para além da importância de contar com dados transacionais, que permitam descrever detalhadamente o perfil dos clientes, é imprescindível que as organizações mensurem o valor de cada cliente. Essa análise permite focalizar o cliente, identificar melhorias, agregar serviços, investir em qualidade e melhorar o atendimento, entre outras ações.

E nesse ponto surge a seguinte pergunta: Como estimar o valor de cada cliente para a organização?

Para calcular o valor do ciclo de vida do consumidor (em inglês, *lifetime value* – LTV), a organização tem de estabelecer os seguintes fatores: período de tempo; taxa de desconto; frequência de compra; contribuição média da compra do cliente; marca escolhida; período de tempo selecionado para análise; além da marca escolhida mais recentemente pelo cliente.

De acordo com Kotler (2005, p. 15): "Marketing é a arte de criar um valor legítimo para o cliente. É a arte de ajudar seus clientes a ficar em uma situação melhor. As palavras de ordem do profissional de marketing são: qualidade, serviço e valor".

Com base nesses dados, deve-se recorrer à fórmula apresentada na Figura 2.3.

Figura 2.3 – Cálculo do LTV

$$LTV = \sum_{t=0}^{T} [(1+d)^{-t} F_{it} S_{it} TT_{it}$$

Onde

it = período de tempo;
T = extensão do horizonte de planejamento;
d = valor de desconto;
Fit = frequência esperada de compra pelo cliente i do produto por período t;
Sit = a participação esperada da carteira do cliente i para esta marca no período t; e
TTit = média de contribuição de uma compra pelo indivíduo i no período t.

Fonte: Gordon, 1999, p. 254.

O valor real do cliente não está relacionado somente ao quanto ele já gastou ou está gastando atualmente, mas sim ao que ele pretende continuar gastando ao longo do ciclo de vida do produto/empresa. Dessa forma, as empresas definem o valor estratégico e o potencial de crescimento de cada um deles. E não se espante: quanto maior for o CLV, menor será a quantidade de clientes.

Síntese

Explicamos que as constantes mudanças impelem os gestores a pensar em novos formatos de relacionamento com seus *stakeholders*, em um processo de "ganha-ganha" para todos os envolvidos. No entanto, pode ser desafiador pensar fora da caixa, ou seja, alterar o *mindset* (maneira de pensar) e inovar em todos os processos.

Diante disso, salientamos a importância de criar e manter um bom relacionamento não só com os clientes, mas também com outras organizações, pois é interessante estabelecer parcerias estratégicas.

Isso significa que a forma de atuação, o desenvolvimento do *mix* de marketing, a qualidade no atendimento e o relacionamento com os clientes dependerão do tipo de cliente prezado pela empresa.

Questões para revisão

1. O marketing de relacionamento tem como meta construir relacionamentos de longo prazo mutuamente satisfatórios com as partes-chave. Nessa ótica, o CRM é considerado uma das principais ferramentas do marketing de relacionamento, pois faz a gestão do relacionamento com os parceiros, que são:

    a. clientes, funcionários, parceiros de marketing e membros da comunidade.

    b. clientes, governo, sociedade, sindicatos e empresas filiais.

    c. funcionários, parceiros de marketing, membros da comunidade e Estados-membros.

    d. funcionários, clientes, parceiros de vendas e membros de sindicatos.

    e. parceiros de marketing, governo, sociedade e Estados-membros.

2. O marketing B2B tem a finalidade de construir um relacionamento duradouro com quais parceiros?

a. Varejistas, consumidores finais e distribuidores.
b. Distribuidores, varejistas e governo.
c. Franquias, varejistas e consumidores finais.
d. Distribuidores, revendedores e varejistas.
e. Franquias, governo e consumidores finais.

3. Cite quais são os processos de compra do consumidor.

4. Com relação à tipologia do cliente potencial, avalie as afirmações que seguem:

   I. O *suspect* pode ser uma pessoa ou uma empresa.

   II. O *prospect* pode ser uma pessoa ou uma empresa que se beneficia do produto ou serviço.

   III. O *prospect* qualificado pode ser uma pessoa ou uma empresa que inicia o processo de relacionamento ao aumentar a busca por informações.

   A seguir, indique a alternativa correta:
   a. Está correta a afirmativa I, apenas.
   b. Está correta a afirmativa II, apenas.
   c. Está correta a afirmativa III, apenas.
   d. Todas as afirmativas estão corretas.
   e. Nenhuma alternativa está correta.

5. Enumere ao menos três características que diferenciam o mercado B2C do mercado B2B.

Questões para reflexão

1. Atualmente, muito se fala sobre cocriação, processo em que os clientes são convidados a pensar em novos produtos e

processos. Diante disso, reflita: De que modo a cocriação contribui para o fortalecimento de relacionamentos duradouros, uma vez que as empresas estão constantemente inovando em produtos e processos?

2. O mercado B2B visa criar e manter relacionamentos perenes para o crescimento e o sucesso das empresas, pois as entregas precisam ocorrer de forma confiável, na qualidade esperada e considerando a quantidade solicitada pelo consumidor. Nessa perspectiva, isso só pode acontecer quando os fornecedores entregam insumos com qualidade e no prazo estipulado. Então, como manter relacionamentos fortes e duradouros com fornecedores em um mercado hipercompetitivo como o atual?

capítulo 3
preparando a empresa

Achiles Batista Ferreira Junior

Conteúdos do capítulo
» Mercado-alvo e suas aplicações.
» Exemplos e testemunhos reais.
» Diferenciação e posicionamento.
» A Walt Disney como referência.

Após o estudo deste capítulo, você será capaz de:
» exercitar seus conhecimentos sobre mercado-alvo;
» conhecer os conceitos de diferenciação e posicionamento;
» compreender o processo de segmentação de mercado e sua aplicação;
» assimilar a evolução da comunicação;
» praticar estratégias de *personal branding*.

Mercado-alvo

Neste ponto da obra, versaremos sobre as temáticas relacionadas ao mercado-alvo, a suas características e a sua aplicabilidade na gestão moderna, afinal, um bom marketing tem de ser bem direcionado. Mesmo que se tenha uma boa verba para investimentos, nem sempre isso é certeza de sucesso. Portanto, é fundamental conhecer o jogo e suas regras para obter bons resultados. Por isso, trataremos, neste capítulo, da relevância de compreender o mercado-alvo.

Além disso, demonstraremos alguns passos para que seja bem-sucedida a pesquisa para o lançamento de um produto no mercado. Ainda, destacaremos o uso de dados demográficos, psicográficos e comportamentais, explicando de que modo eles impactam as ações de conquista, retenção e fidelização de clientes, dos mais variados segmentos. Nessa ótica, comentaremos sobre o papel da diferenciação e do posicionamento de mercado para fazer novas prospecções, sempre considerando que o mundo tem passador por mudanças ágeis e dinâmicas, assim como têm se transformado os hábitos das diferentes classes sociais.

Ansiamos que o estudo desse conteúdo sob seu olhar mercadológico mais apurado, você se torne apto a identificar essa constante evolução da sociedade. Ressaltamos que esta obra também se concentra nas ações de algumas das maiores empresas do mundo, entre elas a Disney, marca que fascina os consumidores com seus encantos, emoções e lições de atendimento e relacionamento. De acordo com Barnes (2020), "O Disney World consiste de [sic] seis parques com ingressos separados, que recebem um total combinado de 93 milhões de visitantes por ano".

Determinação do mercado-alvo

Vale clarificar em que consiste o mercado-alvo. Imagine uma *pizza* ou um bolo cortado em fatias. Cada uma dessas porções pode ser considerada um pedaço do mercado, ao passo que o bolo (ou a *pizza*) correspondem ao mercado como um todo, também conhecido como *mercado de massa*.

É recomendável selecionar uma fatia de mercado naquela em que se pretende conquistar/impactar/atingir o consumidor no caso de um lançamento de produtos/serviços. Consequentemente, isso demanda adequações às estratégias e ações de marketing, uma vez que cada fatia representa um tipo de público, que pode ser formado por homens, mulheres, casais, solteiros(as), pessoas de alto ou baixo poder aquisitivo etc., e cada um deles tem necessidades específicas. Para entender o marketing de relacionamento, é necessário compreender como o público pensa.

Convém salientar que o mercado-alvo diz respeito ao grupo em que se observam características de consumo e hábitos semelhante, podendo ser atendido por meio do produto/serviço oferecido pela empresa. Entretanto, nem todos os membros desse mercado identificado como alvo se tornarão de fato consumidores, mas certamente todos serão impactados e entendidos como alvo das ações de marketing.

Seguindo nesse raciocínio, chegamos ao *share de mercado*, termo amplamente utilizado por profissionais de marketing para se referir à pretensão ou conquista de uma fatia do mercado.

> *Market Share significa **participação de mercado**, em português, e é a **fatia ou quota de mercado que uma empresa tem no seu segmento** ou no segmento de um determinado produto. O Market Share serve para avaliar a força e as dificuldades de uma empresa, além da aceitação dos seus produtos. Um exemplo é quando uma marca de biscoitos vende 3 mil caixas ao mês num mercado cujo total, onde consideramos todas as marcas concorrentes, é de 10 mil caixas, consequentemente esta empresa possui um market share de 30%.* (Significados, 2022b, grifos do original)

A Apple, por exemplo, tem um *share* interessante do mercado de *mobile* mundial – aliás, é interessante fazer pesquisa na internet para saber qual é essa fatia conquistada! O marketing *share* representa o quanto a organização/empresa tem de participação em determinado mercado.

Então, consideremos um exemplo fictício: a empresa X, que vende mesas de escritório, tem 40% de *share* no mercado da cidade Y. Isso significa dizer que, de todas as cadeiras de escritório vendidas na cidade, 40% são da empresa X. Simples, não é mesmo?

Agora, tratemos da definição do público-alvo. Quando uma organização lança um produto ou serviço, é fundamental identificar a quem ela se dirige; afinal, a comunicação não se restringe ao que se fala, ela se estende àquilo que o outro (receptor) entende (Ferreira Junior, 2021d). Por essa razão, a identificação e o posicionamento adequados de um produto no mercado devem estar alinhados aos anseios e demandas do público-alvo. Por sinal, essa é uma premissa para o sucesso e a permanência no mercado, uma vez que os produtos são fundamentalmente elaborados e comercializados para satisfazer a "dor" do consumidor, a qual pode ser retratada como uma necessidade latente a ser satisfeita, ainda que essa "dor" seja gerada pela própria organização.

Figura 3.1 – Palavras de Steve Jobs

"As pessoas não sabem o que querem, até mostrarmos a elas" (Steve Jobs, citado por Ferreira Junior, 2021b)

Diante disso, a primeira ação da organização/empresa é a realização de uma pesquisa para identificar qual é seu público-alvo, quais são os hábitos de consumo e de vida desse público, assim como as formas de pagamento mais adequadas, além de vários outros fatores que farão a diferença entre obter sucesso ou fracassar no lançamento de um produto/serviço. Sobre isso, Soares (2021) argumenta:

> Toda empresa vende um produto, seja ele físico e na forma de um serviço. Entretanto, nos dois tipos de negócio, o relacionamento com o cliente é um fator importante para alcançarem o sucesso. O pequeno negócio depende do fato de a experiência do cliente ser positiva. Por isso, a padronização do atendimento pode se tornar algo complexo e que irá demandar tempo do empreendedor.

Sob essa ótica, uma pesquisa eficiente com os consumidores já conquistados ou *prospects* informará como o produto/serviço provavelmente será recebido, qual o perfil do público que mais manifestará interesse por esse item e o peço que o consumidor estará disposto a pagar por ele. Lembremos que o *prospect* é um "potencial cliente que demonstrou interesse nos serviços ou produtos da sua empresa, mas ainda não identificou quais são suas necessidades ou dores. Ou seja, são contatos que têm fit com sua marca, mas ainda não expressaram desejo real de fecharem negócio" (Gusmão, 2018).

Entre as inúmeras vantagens das pesquisas prévias ao lançamento de um produto, podemos destacar: verificação das vantagens percebidas pelo consumidor quanto aos produtos que concorrem no mesmo mercado; identificação precoce de seus pontos fracos e fortes; apresentação da reação do público ante o nome do produto; levantamento de dados vinculados à percepção de forma, *design*, embalagem, sabor, formas de distribuição etc.

Ainda acerca da relevância da pesquisa de pré-lançamento, algumas diretrizes são relevantes. Um exemplo é promover um uso efetivo e inteligente do cadastro de clientes, a fim de aprimorar a experiência deles e, assim, entendê-los de forma eficiente e acima da média.

Um cadastro básico deve apresentar alguns itens, como nome, sexo, endereço, profissão, hábitos de consumo, faixa etária e frequência de recompra, entre outros dados. A esse respeito, indicamos a seguir os passos necessários para tornar mais acurada a pesquisa para o lançamento de um produto no mercado.

» **passo 1**: estabelecer o produto a ser lançado e definir suas características, como forma, volume, tamanho, qualidade etc.;

» **passo 2**: criar um protótipo do produto, investindo em algo profissional;

» **passo 3**: classificar possíveis consumidores (*prospects*) e identificar suas características: idade, perfil socioeconômico, sexo etc.;

» **passo 4**: elaborar um roteiro básico contendo questões aos entrevistados, seguindo algumas regras básicas: linguagem objetiva, simples e clara, de cunho imparcial; pré-testes com as perguntas anteriores à aplicação com os consumidores; evitar dificuldades de entendimento por parte dos entrevistados;

» **passo 5**: depois de aplicar o questionário a um percentual de pessoas representativo dos clientes, tabular os dados e, em seguida, analisar a tendência relacionada à aceitação ou não do novo produto.

Agora, convém esclarecer o conceito de fatias de mercado. Considerando-se o mercado-alvo, as "fatias" que representam cada segmento dizem respeito às características comuns que unem indivíduos em um mesmo perfil. Para ilustrar isso, fornecemos a seguir um exemplo descritivo de como tais segmentos são elencados:

» **Dados demográficos**
  › faixa etária;
  › sexo;
  › renda;
  › ocupação;
  › religião;
  › raça/grupo étnico;
  › grau de instrução;
  › classe social;
  › dados geográficos;
  › país;
  › região;
  › Estado/município/cidade/vila;
  › densidade populacional;
  › clima.

» **Dados psicográficos**
  › líder ou comandado;
  › extrovertido ou introvertido;
  › orientado para a autorrealização ou satisfeito com o *status quo*;
  › independente ou dependente;

- > conservador, liberal, tradicional ou progressista;
- > socialmente consciente ou egocêntrico.
- » **Consumidor (comportamental)**
  - > taxa de uso do produto;
  - > benefícios procurados;
  - > método de uso;
  - > frequência de uso;
  - > frequência de compra.

Para comprovar isso, o profissional de marketing tem de apurar seu olhar mercadológico e observar as constantes mudanças de vida, de atitudes, de hábitos de consumo, entre outras alterações verificadas nas mais variadas camadas da sociedade.

> Foi tendo em mente a constante evolução da sociedade que produzimos este livro, com a finalidade de direcionar você, leitor(a), ao conhecimento do marketing de relacionamento. Você poderá treinar sua percepção e, assim, lidar melhor com todo o "bombardeio" de informações que surgem todos os dias.

Diferenciação e posicionamento

Ser diferente sempre foi interessante, concorda? No marketing, isso é fundamental; afinal, ser igual a todos os concorrentes pode ser negativo para conquistar novos mercados, bem como para fidelizar clientes. Por isso, neste momento, clarificaremos como a diferenciação, na condição de estratégia para melhorar a competitividade e criar um posicionamento positivo, pode auxiliar no processo de construção de imagem.

O posicionamento, considerando a área de marketing, equivale ao modo como a marca é vista pelo consumidor em comparação com outras marcas. Assim, "para que a marca assuma um **bom posicionamento de mercado**, por norma, é necessário uma estratégia de marketing que seja eficaz, atingindo com êxito o público-alvo" (Significados, 2022c, grifo do original).

As marcas têm o que o marketing costuma chamar de *brand equity*, que pode ser simplificadamente traduzido como "valor de marca". Logo, "o que importa **é como os clientes encaram a marca**, pois é essa percepção que fará a maior diferença nos lucros e na valorização da empresa como um todo" (Gabriel, 2018b, grifo do original).

Portanto, trata-se do valor atribuído a um serviço ou produto. Em uma empresa, esse valor pode ser maior do que toda a somatória monetária de prédios, frotas, equipamentos, maquinários etc. Enfim, é um bem intangível (a marca) que vale mais do que os bens físicos. Exemplos de empresas que têm um marketing de relacionamento eficiente e que têm valor agregado a suas marcas são a Apple e a Coca-Cola.

A marca Coca-Cola não se limita a comercializar refrigerante, tanto que divulga, em suas comunicações, a "venda" de um estado de espírito de felicidade e alegria. Esse é o posicionamento estratégico que a empresa busca manter na mente dos consumidores. Com isso, a Coca-Cola se consolidou como uma referências em termos de criação de valores, sentimentos e relacionamentos com seus clientes.

Nesse momento, você talvez esteja pensando: "Muitas pessoas já não consomem refrigerante, e a Coca-Cola tende a acabar". Você não está inteiramente equivocado; no entanto, percebendo essa tendência de mercado, a marca está expandindo sua linha de produtos com chás, águas e sucos, a fim de conquistar novos consumidores. Para cada um desses segmentos, ela terá um diferencial competitivo e tenderá a gerar novos pensamentos e posicionamentos.

Neste momento, convidamos à seguinte reflexão: Sabia que você é uma marca? Que as pessoas e o mercado lembram seu nome positiva ou negativamente de acordo com suas ações? Falando nisso, qual é o seu diferencial competitivo?

E como falar de marca e amor e não mencionar a Disney, uma das empresas que tem as mais altas taxas de retorno de fidelização do mundo?

A The Walt Disney Company foi fundada em 1923 pelos irmãos Walt Disney e Roy Oliver Disney. A empresa nasceu como pioneira no mercado de animação e ao longo das décadas ampliou sua participação na indústria, tornando-se a gigante do entretenimento que todos conhecem. O personagem mais famoso da companhia é Mickey Mouse, que estrelou o primeiro filme sonoro da Disney, Steamboat Willie, em 18 novembro de 1928. (Canaltech, 2022)

Essa empresa norte-americana é um ícone dos processos de relacionamento e atendimento. Ela explora essas potencialidades de modo exemplar e atua com pilares de gestão emocional, a fim de oferecer a melhor experiência ao consumidor. Isso faz todo o sentido, uma vez que os fatores emocionais são primordiais para a sensação de prazer e satisfação. De acordo com Roberts (2004), basicamente o que move o ser humano é a emoção, e não a razão.

Algumas práticas da empresa podem ser assumidas como lições de padrão de atendimento e relacionamento. É possível buscar nelas inspiração para adequar as referidas práticas à realidade diária do negócio em que atuamos. A seguir, destacaremos as conhecidas lições sobre atendimento, encantamento e fidelização da Disney:

» **Lição n. 1 – Todos importam**

A primeira dica é básica e pode ser seguida por qualquer empresa, pois leva em conta a importância dos clientes e do público interno, já que as pessoas, de forma geral, são consideradas o ativo mais relevante de uma organização/empresa.

» **Lição n. 2 – Tenha empatia**

A premissa relacionada à empatia no atendimento da Disney é praticamente considerada uma lei dentro dos parques. Para a empresa, a empatia é requisito fundamental, pois cada convidado tem uma perspectiva singular sobre o que percebe na experiência ali vivenciada. Assim, para essa organização, colocar-se no lugar do outro é uma prática constante; afinal, o que é o sonho de uma pessoa pode não ser o de outra.

A respeito dos consumidores da Disney, é interessante ler a citação a seguir, que fornece informações sobre a empresa se esforçar para compreender o comportamento de seus clientes. O trecho citado diz respeito ao termo *clientologia*, que corresponde ao estudo das pessoas às quais são oferecidos produtos e serviços Sobre isso:

> A ideia principal [...] é a de buscar entender da forma mais ampla possível todos os clientes que são atendidos pelas Empresas Disney: entender seus desejos, entender suas expectativas, entender suas necessidades e acima de tudo entender seus sonhos. E não por acaso, quão maior é o entendimento de cada um destes elementos, maiores são as chances de oferecer produtos e serviços que excedam expectativas e gerem experiências absolutamente memoráveis. (Noronha, 2013)

» **Lição n. 3 – Não ignore os detalhes**

Detalhes são fundamentais e fazem a diferença na escolha entre produtos e serviços, ainda mais nos tempos de superconcorrência que estamos vivenciando. Para a Disney, é primordial ter atenção a todos os detalhes, na preocupação com a limpeza, na harmonização dos ambientes e na aromatização. Além disso, convém destacar a história de que os postes dos parques são pintados todas as noites do ano. Você considera isso exagero ou loucura? Trata-se apenas da busca pela perfeição; não se deve aceitar nada menos que isso.

» **Lição n. 4 – Escute, escute e aprenda!**

O lema é atenção total aos detalhes, conforme mencionado anteriormente. Isso significa que é importante aprender com erros e acertos e, igualmente, dar a devida atenção aos *feedbacks* que o cliente fornece, sejam eles intencionais ou não. Em outras palavras, é preciso encontrar uma forma de escutar o cliente e deixá-lo contar a história dele. Assim, é possível conhecê-lo mais e mais. Esse é um dos pilares do sucesso da Disney.

Lembremos que *feedback* é uma "ferramenta de comunicação muito utilizada para fazer avaliações e expor opiniões sobre empresas, equipes e colaboradores. Entretanto, nem sempre dar e receber *feedback* é uma tarefa fácil" (Vaipe, 2019). Justamente por não ser algo simples é que se torna tão necessário aprender a lidar com essa ferramenta.

» **Lição n. 5 – Ir sempre além (o céu é o limite)**

Ouvir, entender, adequar e encantar o cliente externo ou interno é fundamental para a Disney; afinal, ela preza pelo fator Wow Moment (em português, momento uau). Trata-se do "momento em que o cliente se surpreende com o produto ou atendimento oferecido pela empresa. Proporcionar esse tipo de sensação é imprescindível para satisfazer e fidelizar o seu público" (Rock Content, 2019a). Assim, o momento uau envolve a superação das expectativas do público consumidor e a busca incansável pela excelência na relação entre as partes. Contudo, é preciso ter clareza de que as expectativas variam conforme o cliente.

> "Colaboradores felizes fazem clientes felizes, e isso é reflexo do que se vê nos parques da @DisneyParks". (Ferreira Junior, 2021c)

A respeito do poder das marcas, daremos sequência a nossa abordagem enfatizando o conceito de *branding*, que consiste na "gestão das estratégias de marca de uma empresa, com o objetivo de torná-la mais desejada e positiva na mente de seus clientes e do público geral. O Branding, ou brand management, envolve ações relacionadas ao propósito, valores, identidade e posicionamento" (Sulz, 2019).

Considerando o que expusemos a respeito da Disney, podemos afirmar que o *branding* contribui para a implantação/criação de um posicionamento adequado da marca (seja ela pessoal ou corporativa) na mente dos consumidores. É uma ação que atua tanto na racionalidade quanto nas emoções dos consumidores.

Como exemplo, lembre-se das situações em que você escolheu comprar um produto de determinada marca e se sentiu "poderoso" por isso, como um carro, uma motocicleta, uma bicicleta, roupas, perfumes etc. Essas são as razões emocionais a que estamos nos referindo. Para apurar esse aprendizado, observe as pessoas que fazem parte de sua vida e analise quais são as motivações delas as escolherem suas marcas de preferência.

> "Sua marca é o que as pessoas dizem sobre você quando você não está na sala". (Ferreira Junior, 2020b)

O fato é que, na sociedade altamente competitiva na qual estamos inseridos(as), o marketing de relacionamento, que visa à fidelização dos clientes, constitui uma das tarefas mais complicadas e difíceis de serem cumpridas. Isso porque os consumidores contam com uma vasta gama de produtos e serviços à disposição. São muitos produtos, formas de entrega (*omnichannel*) e preços (dos mais baratos aos mais caros) que estão a apenas um clique.

Em razão disso, tem sido cada vez mais difícil aumentar a possibilidade de conquistar e fidelizar um cliente. O conceito de *omnichannel* consiste em uma "estratégia de uso simultâneo e interligado de diferentes canais de comunicação, com o objetivo de estreitar a relação entre online e off-line, aprimorando, assim, a experiência do cliente. Essa tendência do varejo permite a convergência do virtual e do físico" (Fonseca, 2017). A esse respeito, observe a Figura 3.2:

Figura 3.2 – *Omnichannel*

A empresa/organização que pretende conquistar e fidelizar um cliente deve focar seus esforços na busca pelo conhecimento detalhado de sua clientela. Por isso, é imprescindível saber exatamente com quem se está lidando para que, com o tempo, torne-se possível fortalecer o *database* marketing, que constitui "uma estratégia que propõe a coleta e análise de dados para otimizar a experiência do consumidor. Em tempos em que esse fator é essencial para os resultados e reputação de uma marca, entender como o DBM pode ser implementado representa uma verdadeira vantagem competitiva" (Rock Content, 2019b).

É, portanto, uma estratégia para formar um banco de dados rico em informações e fortalecer a produção de pesquisas que revelem quais são os hábitos de consumo e as posturas culturais do público-alvo, tanto no meio físico quanto no digital – neste, inclusive, é mais fácil monitorar essa prática.

Acerca do diferencial e do posicionamento, muitas vezes o consumidor já tem uma imagem de produtos e serviços que são melhores, mais baratos ou que têm um custo-benefício interessante. Sob essa perspectiva, o preço é um fator de suma relevância nesse constante processo de conquista e manutenção Por conseguinte, ele é determinante para o sucesso das ações mercadológicas. Diante disso, a implantação e a definição de preço devem considerar as políticas de gestão de cada estabelecimento, pois é dele que depende o posicionamento da empresa ou do produto disponibilizado no mercado. O fato é que existem inúmeras empresas que se posicionam como representantes de preços populares e fazem desse diferencial seu principal argumento de persuasão. Da mesma forma, há organizações que atuam no setor de luxo e, por isso, trabalham com faixas de preço mais elevadas.

> "Quando pensar em desistir, lembre-se de tudo que passou para chegar até aqui". (Ferreira Junior, 2020a)

Neste momento, cremos ser necessário apresentar um conceito detalhado de fidelização, como segue:

Fidelizar é fazer com que uma pessoa não queira mudar de opção em relação a algo, pois já se sente satisfeita e bem-tratada. Em poucas palavras, consiste em uma pessoa ser fiel. Este termo é usado normalmente no mundo dos negócios e na área do marketing, já que [...] ambas as estratégias de fidelização do cliente são determinantes para alcançar o sucesso. (Conceitos, 2022)

Enfim, para se atingir o ápice no processo de fidelização e estreitar os laços com o público, a empresa deve desenvolver algumas habilidades específicas e, por consequência, criar um círculo virtuoso, que se refere a uma "situação em que os acontecimentos bons se repetem como se estivessem em um círculo, sendo um a causa do outro, tendendo a melhorar cada vez mais. É o contrário de círculo vicioso" (Cordeiro, 2017). Assim, o cliente tende a ser cada vez mais leal à marca e pode, até mesmo, tornar-se um advogado da marca ou defensor do produto/serviço, passando a ser um formador de opinião que contribui para a empresa.

Estamos falando em marketing de defensores, ou seja, de uma "estratégia inovadora para gerar mais do que consumidores da sua marca, mas sim, verdadeiros fãs. A ideia é que os clientes não sejam apenas compradores dos seus produtos ou serviços, mas também passem a advogar e promover favoravelmente o seu negócio" (Rock Content, 2021).

Processo de comunicação entre empresa e cliente

Em um mundo extremamente conectado, no qual a reação do mercado é imediata e permeada por mudanças referentes ao comportamento de consumo, as quais são influenciadas por novas tecnologias, o processo de comunicação entre empresa e cliente deve ser o mais apurado e eficiente possível. Isso porque essa relação sempre ocorre em uma via de mão dupla, e o bom entendimento é mandatório para a sobrevivência de ambos: da parte da empresa, pela necessidade de se manter no mercado e gerar rentabilidade; e da parte do cliente, para satisfazer a suas necessidades de aquisição de produtos e serviços.

Evolução da comunicação

Você se lembra que anteriormente mencionamos que comunicar não se refere exatamente ao que falamos, mas sim ao que o outro entende? É com base nesse pensamento que, a partir de agora, vamos salientar a importância de adequar a comunicação entre empresa e cliente.

No contexto mercadológico, os seres humanos passam por um ininterrupto processo de evolução, pois o mercado é mutável! E as mídias também mudam?

Bem, a tecnologia evolui, e não podemos permanecer estagnados e nos comunicarmos como fazíamos anos atrás. É preciso, por isso, sempre buscar a adequação. Para esclarecer isso, rememoremos o tempo em que o homem primitivo começou a registrar seus primeiros escritos em cavernas (o que se entende por sistema pictográfico):

> *Os pictogramas são sinais que, através de uma figura ou de um símbolo, permitem desenvolver a representação de algo. Certos alfabetos antigos foram criados em torno de pictogramas.*

Na pré-história, o homem registrava diversos acontecimentos através de pictogramas. As figuras que aparecem nas pinturas rupestres, por exemplo, podem considerar-se como pictogramas. No desenvolvimento da escrita, por conseguinte, os pictogramas foram essenciais. (Conceito.de, 2022)

Convém chamar atenção ao seguinte fato: em geral, o processo de comunicação pode receber interferências, comumente chamadas de *ruídos*, os quais podem ser oriundos do ambiente interno ou do ambiente externo. Em razão disso, é necessário ter em mente que o risco de ruídos é iminente.

Por exemplo, considere um ator cuja interpretação cênica sofre algum tipo de alteração ou que contém erros, pela entonação da voz ou por conta da forma como ele se expressa, o entendimento será comprometido e ficará exclusivamente a critério do receptor, com base em crenças, modo de ser, comportamentos etc. Vale lembrar que em certas ocasiões, como na área política, não são ruídos que acontecem, mas equívocos ou falhas por despreparo do emissor.

Ainda, vale ressaltar que a comunicação pode ser verbal, não verbal ou ocorrer por meio da linguagem corporal (gestual).

» **Comunicação verbal:** a comunicação é emitida pela fala propriamente dita, composta de palavras e frases. Esse processo pode envolver algum tipo de dificuldade devido a fatores relativos ao emissor, como timidez, gagueira, entre outros. Ainda assim ela é considerada a melhor forma de comunicação.

- **Comunicação não verbal**: diz respeito à comunicação que não é expressada por palavras faladas ou escritas. Nesse sentido, é adequada a utilização de símbolos, sinais, desenhos ou placas, logotipos e ícones. Em essência, todos esses símbolos são a união de formas, cores e tipografias que, quando combinadas, transmitem uma ideia ou mensagem.
- **Linguagem corporal**: trata-se de um modo de se comunicar que influencia muito no atendimento do consumidor e que, normalmente, pouco se percebe. É quase um aspecto subliminar entre as partes. Nessa comunicação, observa-se que todos os movimentos gestuais e de postura afetam a comunicação. A gesticulação é considerada a primeira forma de comunicação entre seres vivos.

Organizações orientadas para o mercado

Uma empresa que se posiciona de maneira orientada para o mercado direciona esforços e aloca seus recursos humanos e materiais com o intuito de coletar informações acerca das expectativas e dos comportamentos identificados nos diversos atores do mercado. Diante disso, a premissa é considerar essas ações e implementá-las nas áreas funcionais, com foco na atuação de mercado.

Nessa perspectiva, a postura das organizações deve ser de atenção total ao mercado, levando em conta a busca pela satisfação e a fidelização de clientes, além do posicionamento estratégico perante a concorrência. É uma estratégia para identificação com a máxima precisão a insatisfação dos consumidores e a percepção negativa da marca – o que, conforme mencionamos, é determinante para o sucesso ou fracasso da empresa.

> "O melhor professor é seu último erro". (Ferreira Junior, 2021f)

Uma organização que tem foco e orientação para o mercado norteia suas decisões com base nos resultados de suas pesquisas. Essas informações poderão ser utilizadas para melhorar a comunicação, a fim de explorar com eficiência os possíveis desejos, necessidades e, consequentemente, as decisões de compra dos consumidores. Aliás, para isso, há escalas de orientação de mercado que podem ser utilizadas, como as desenvolvidas por Narver e Slater (1990), além da escala Índice de Sentimento dos Consumidores sobre o Marketing, elaborada por Gaski e Etzel (1986).

Segundo Kohli e Jaworski (1990), uma empresa orientada para o mercado é aquela que age de acordo com o conceito de marketing. Assim, a aquisição e disseminação das informações sobre o mercado justificam-se somente quando subsidiam o processo de tomada de decisão e a implementação das ações.

Cadeia de suprimentos

Para entender como criar uma relação duradoura com o cliente, é fundamental analisar todos os aspectos e processos que fazem o produto/serviço chegar da melhor forma possível ao consumidor final. Para isso, adota-se a *user experience* (UX), ou seja, a experiência do usuário. Basicamente, ela se refere à "experiência que um usuário tem ao utilizar o site ou aplicativo de uma marca. Uma boa experiência aumenta as chances de um cliente/consumidor retornar a fazer negócio com a empresa em questão e ainda indicará a outras pessoas" (Sampaio, 2017).

Seguindo essa linha de raciocínio, destacamos a *supply chain* (em português, "cadeia de suprimentos"). Ela diz respeito aos

> *processos e aos diversos caminhos por quais passam os produtos, desde a retirada da matéria-prima até a entrega ao consumidor final. Na prática, isso representa todas as atividades de compra dos insumos ou produtos, transporte, armazenamento, transformação, embalagem, gerenciamento interno, venda e distribuição aos clientes. Adicione a todas essas etapas a infraestrutura física e de processos necessária para dar suporte às operações.* (Patrus, 2017)

A cadeia se suprimentos difere da logística pelo fato de que esta abrange tudo o que se refere à movimentação de um produto, isto é, ela dá conta de todo o processo: da fabricação até a entrega ao consumidor final, sempre com o objetivo de ter maior controle desse processo, com foco em custos, mas sem ignorar a agilidade da entrega.

Uma curiosidade: a origem da logística remonta à era napoleônica, e o próprio Napoleão Bonaparte foi o primeiro líder a reconhecer a importância de controlar o fornecimento de armas e munições e de suprimentos.

Já a cadeia de suprimentos se ampara em uma definição mais ampla, uma vez que necessariamente se relaciona a todos os métodos e operações que estão diretamente ligadas ao produto. E por que ela é mais ampla? Pelo simples fato de abranger desde a compra das matérias-primas até a constatação da real satisfação do cliente final.

Logo, isso envolve o marketing de forma geral. Pensar em estratégia de marketing de relacionamento significa considerar as premissas que devem ser aplicadas na manufatura de todos os produtos. É, pois, entender o processo de forma global. A logística faz parte da cadeia de suprimentos e tem uma função primordial em todo o processo logístico.

A cadeia de suprimentos engloba a aquisição de matérias-primas; afinal, ela se relaciona a tudo aquilo que está direta ou indiretamente relacionado com o produto. Por isso, o diretor de *supply chain* é o responsável pela fase de aquisição da matéria-prima necessária para a fabricação do produto. Logo, sua atribuição é garantir que o processo de fabricação seja ininterrupto, considerando tanto fatores humanos (colaboradores) quanto assuntos referentes aos insumos e maquinários envolvidos no processo.

Nas palavras de Christopher (2007, p. 87), a cadeia de suprimentos é "uma rede de organizações conectadas e interdependentes, trabalhando conjuntamente, em regime de cooperação mútua, para controlar, gerenciar e aperfeiçoar o fluxo de matérias-primas e informações dos fornecedores para os clientes finais".

Para gerenciar adequadamente os canais de suprimentos e, por consequência, a entrega de um produto totalmente adequado ao cliente final – que é a base para o processo de marketing de relacionamento –, é preciso entender que o gerenciamento do estoque é crucial nesse processo, pois uma única falha pode colocar tudo a perder. O profissional responsável pela cadeia de suprimentos deve estar alinhado às sazonalidades do mercado para, assim, detectar as melhores estratégias e desenvolver um bom modelo de negócio adaptado às especificidades do mercado. Atualmente, o gerenciamento da cadeia de suprimentos permite a detecção das sazonalidades que podem impactar o desenvolvimento de um produto. Os propósitos desse trabalho são a otimização e a melhoria contínua do modelo mais adequado para cada negócio. Nesse processo, a gestão deve se fazer presente desde o desenvolvimento até a fabricação e a distribuição dos produtos.

> Tente levar uma vida que não decepcione a criança que você foi um dia.
> (José Saramago, citado por Ferreira Junior, 2020c)

Síntese

Neste capítulo, fornecemos vários exemplos para demonstrar que a temática referente ao mercado-alvo é de fundamental relevância para que o marketing de relacionamento seja efetivo. Assim, conhecer suas características e sua aplicabilidade na administração atual das organizações se faz necessário, uma vez que é preciso conhecer o terreno no qual estamos inseridos. Também verificamos que fazer investimentos nessa área não é garantia de êxito na ação mercadológica, razão pela qual fazer um estudo detalhado de mercado é prerrequisito para a implementação de quaisquer ações.

Além disso, explicamos que a pesquisa é importante para o êxito no lançamento de um novo produto ou serviço no mercado. Ressaltamos, ainda, a relevância de dispor de dados demográficos, psicográficos e comportamentais, analisando como eles impactam as ações de mercado que visam ao caminho para a conquista, retenção e fidelização de clientes, independentemente do segmento de atuação. Abordamos temas referentes à diferenciação e ao posicionamento de mercado para fazer novas prospecções, com o intuito de que você, leitor(a), desenvolva seu olhar mercadológico.

Questões para reflexão

1. Assinale a seguir a alternativa que apresenta uma importante ferramenta de comunicação com os clientes:
   a. Linguagem corporal.
   b. *Network*.
   c. Linguagem de massa.
   d. Comunicação de massa.
   e. *Target*.

2. Quando a comunicação não pode ocorrer com palavras faladas ou escritas, é adequada a utilização de símbolos, sinais, desenhos ou placas, logotipos e ícones. Em essência, todos esses símbolos são a união de formas, cores e tipografias que, quando combinadas, transmitem uma ideia ou mensagem. A que alternativa a seguir se refere essa afirmação?
   a. Comunicação não verbal.
   b. Estado da arte.
   c. Linguagem acadêmica.
   d. Comunicação de massa.
   e. Ciclo de vida do produto.

3. Das alternativas a seguir, qual diz respeito ao envolvimento de ações referentes ao propósito, aos valores, à identidade e ao posicionamento da organização?
   a. *Branding*.
   b. *Feeling*.
   c. *Merchandising*.
   d. *Leasing*.
   e. Ciclo de vida do produto.

4. Por que a empresa deve direcionar esforços e alocar seus recursos humanos e materiais com o intuito de coletar informações acerca das expectativas e dos comportamentos identificados nos diversos atores inseridos no mercado de atuação?

5. A cadeia de suprimentos abrange a aquisição de matérias-primas; afinal, ela se relaciona a tudo o que está direta ou indiretamente relacionado com o produto. Assim, o diretor de *supply chain* é o responsável pela fase de aquisição da matéria-prima necessária para a fabricação do produto. Logo, qual seria sua atribuição principal?

Questões para revisão

1. Com base no que expusemos neste capítulo, reflita sobre a importância de se estabelecer o mercado-alvo.

2. Faça uma breve pesquisa sobre a Apple e identifique qual é a fatia de mercado atingida por essa empresa. Em seguida, avalie a relevância do *market share* para o sucesso da organização.

capítulo 4
captar, apaixonar, fidelizar e reter

Achiles Batista Ferreira Junior

Conteúdos do capítulo

» Olhar mercadológico.
» Marketing de relacionamento.
» Percepção de concorrência.

Após o estudo deste capítulo, você será capaz de:

» exercitar seu olhar mercadológico;
» compreender como funciona o marketing de relacionamento;
» analisar o modelo Aida;
» identificar o perfil do cliente.

Olhar mercadológico

Neste capítulo, objetivamos destrinchar a essência da relação entre empresa e consumidores. Definiremos conceitos de marketing de relacionamento que nortearão suas aplicações futuras, leitor(a); afinal, fidelizar e manter laços duradouros e lucrativos com o público é mais interessante do que investir em mercados desconhecidos – essa premissa tem se comprovado em boa parte do mercado. Você também poderá treinar seu olhar mercadológico.

Costumamos ver marketing em tudo, e por isso convidamos você a adotar esse raciocínio e identificar, em seu dia a dia, possíveis oportunidades reais, por meio do modelo Aida, um processo que retrata a forma como o marketing chama atenção, desperta o interesse, aguça o desejo, estimula a ação de compra e gera a satisfação do consumidor. Fazendo uma analogia, é como um namoro, não é mesmo?

Imagine-se percebendo alguém em meio à multidão. Essa pessoa lhe chama atenção, tem interesse em conhecê-lo(a), sente o "desejo" de estar junto, o que ocasiona a ação do encontro entre vocês. Pela satisfação confortável de ambos, nasce a vontade de estarem juntos.

Marketing de relacionamento

O marketing em sua essência, objeto do nosso estudo, é definido por muitos teóricos como mercado em ação em constante movimento. O termo que abarca essa conceituação é *mercadologia*, que significa o estudo do mercado. Com base nesse entendimento, verificaremos algumas *nuances* do marketing e um de seus tipos mais evidentes: o marketing de relacionamento, que conforme exposto por Castro (2019) consiste em:

> *um conjunto de ações tomadas pela empresa como forma de criar e manter um relacionamento positivo com os seus clientes. Para reforçar essa relação de proximidade, a empresa oferece benefícios para garantir a fidelidade dos seus clientes.*
>
> *O grande objetivo do marketing de relacionamento é fazer com que os clientes se tornem fãs dos produtos e serviços prestados pela empresa.*

Em uma organização, o marketing de relacionamento efetivo se tornará cada vez mais viável quando fizer parte da cultura organizacional de forma sistêmica, ou seja, incorporada a todos os setores. Isso porque, reiterando, conquistar e fidelizar clientes é um prerrequisito para o sucesso empresarial. Para estimular a relação positiva com o cliente mediante o marketing de relacionamento, convém apurar seu olhar mercadológico, pois é possível aprender marketing por observação.

Imagine que você está no supermercado. Procure observar os comportamentos de compra das outras pessoas, mas faça isso com calma, para não ser notado. O fato de observar o fará perceber o tamanho das famílias, o tempo de espera, o processo de compra, entre outros detalhes. E o que fazer com essas informações? Para saber lidar com o cliente, você deverá entender como ele pensa e age, e é isso que se procura obter mediante a observação; afinal, para haver um boa comunicação, ela precisa ser adequada ao público a que se destina.

Essas práticas de observação têm o objetivo de "treinar" sua percepção de mercado e levá-lo a perceber como as necessidades surgem e são despertadas, o que possibilita dar maior atenção às diferenças entre elas e aos impactos gerados na sociedade e na economia. Logo, não basta falar sobre a influência da mídia e da internet, das redes sociais ou mesmo do cinema e da TV. É necessário refletir sobre a essência e as bases desses meios de comunicação.

O marketing de relacionamento passa por várias etapas que, juntas, produzem um resultado esperado e que pode melhorar o negócio de modo bastante evidente. Esse processo se inicia com o envolvimento dos clientes e colaboradores, pois a relação entre a empresa e os consumidores começa já no primeiro contato, seja por ligação, *e-mail*, mensagem ou presencialmente.

"Eu vejo marketing em tudo, e você?". (Ferreira Junior, 2021)

Nesse sentido, desde esse primeiro momento a empresa já deve contar com um sistema de atendimento que aproxime, conquiste e cative o cliente, a fim de que a relação se concretize com a venda e se estenda para futuras operações. Como comentamos, o marketing de relacionamento pode ser comparado a um namoro, em que o cliente primeiramente tem sua atenção direcionada ao produto; em seguida, tal produto lhe desperta o interesse e gera um desejo acima da média, o qual é efetivado com a ação de compra e posterior satisfação. Esse fenômeno é descrito como nodelo Aida (Figura 4.1).

Figura 4.1 – Modelo Aida

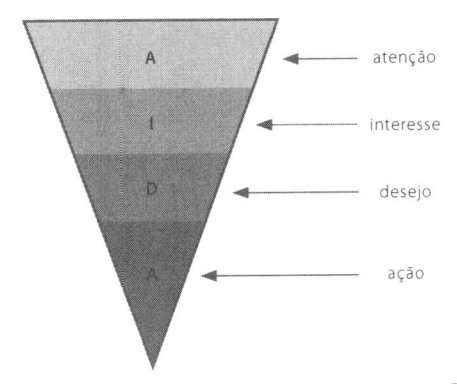

- A — atenção
- I — interesse
- D — desejo
- A — ação

Fonte: Ferreira, 2022.

Como o marketing de relacionamento se assemelha a um namoro, podemos batizar nosso objeto de estudo como marketing do amor, não é mesmo? Faz sentido, para você, criar uma relação duradoura com o cliente? Estamos cientes de que a expressão *marketing do amor* pode ser meio forçada, isso porque nem sempre a relação com os clientes é efetivamente de amor (em alguns casos, sim), mas, didaticamente, serve para fixar bem sua finalidade.

Práticas de fidelização geram comentários positivos, os quais constituem fatores determinantes para a tomada de decisão de grande parte dos consumidores. Por exemplo, você já deve ter passado pela experiência de ler comentários sobre o serviço de um hotel antes de fechar uma viagem. Esse processo é uma parte do marketing de relacionamento. É interessante observarmos que, sim, o marketing é tudo e está em tudo.

Para a empresa ser bem-sucedida no plano de marketing de relacionamento, é fundamental que os clientes façam comentários positivos acerca dos produtos e serviços oferecidos. Isso tornará a marca relevante para as vidas deles.

As empresas costumam fazer uso do chamado *customer relationship management* (CRM). Trata-se da gestão de relacionamento com o cliente, o que ocorre por meio de um *software* aplicado para promover as interações com os consumidores.

O marketing de relacionamento é relevante para satisfazer os atores do processo mercadológico, independente de serem marcas de produtos ou de serviços. É igualmente útil para a empresa obter informações sobre os clientes quanto para este terem conhecimentos a respeito da organização.

Nessa ótica, são vários os exemplos de bons resultados para ações efetivas de marketing de relacionamento. Analisemos o exemplo que pode ser depreendido da Figura 4.2. Perceba que, para identificar a empresa (ou sua concorrente) referente ao produto apresentado na figura, não é necessário que ela tenha logo, marca, símbolo ou qualquer tipo de referência. O líquido no copo é suficiente para termos uma da marca em questão. No entanto, antes de voltarmos nossa atenção para o exemplo, precisamos ressaltar que "**Logomarca, ou simplesmente logo, é a representação gráfica do nome de uma empresa ou marca, que determina sua identidade visual** e tem como objetivo facilitar o seu reconhecimento" (Significados, 2022a, grifos do original).

Agora, analise a imagem e reflita: De qual marca se trata? Qual é sua opinião em relação a ela? Que público ela atende? Onde os produtos dessa empresa são comercializados e qual é seu preço de venda para o consumidor final?

Figura 4.2 – Exemplo de marca famosa

Theeradech Sanin/Shutterstock

Nesse processo todo, o objetivo do marketing de relacionamento é estreitar as partes, conectando racional e emocionalmente o consumidor e o fabricante (marca). Assim, reforçamos que essa prática de marketing objetiva fazer os consumidores se tornarem fãs da marca, a fim de propagar espontânea e gratuitamente o retorno percebido pelos consumidores quanto a determinado produto ou serviço.

É válido relembrar que o mundo está mudando em vários aspectos, e um fator que tem chamado atenção no mundo corporativo é que não se deve observar exclusivamente as empresas concorrentes como organizações "inimigas", uma vez que elas podem ser referência para outras organizações em vários aspectos. Um deles é o *benchmarking* – uma "análise estratégica das melhores práticas usadas por empresas do mesmo setor que o seu. Benchmarking vem de 'benchmark', que significa 'referência', e é uma ferramenta de gestão que objetiva aprimorar processos, produtos e serviços, gerando mais lucro e produtividade" (Castro, 2020).

> "Sobre a concorrência: como é possível odiar alguém/algo que ama o mesmo que você e possui propósito de vida semelhante?". (Ferreira Junior, 2021g)

Essa afirmação parece romântica, mas repare que tudo o que envolve o marketing segue para esse caminho na área da gestão. As palavras de ordem devem ser *cooperação* e *parceria* entre concorrentes. Obviamente, não temos a intenção de esgotar o assunto, até porque o marketing muda constantemente, mas reforçamos que nosso compromisso com você, leitor(a), é despertar sua curiosidade e intenção de aprender sempre.

Ainda em relação ao estreitamento dos laços que nos conectam ao mundo corporativo, de forma justa e buscando sempre a perfeição entre as partes, convém destacar os principais canais para esse processos:

» telemarketing;
» CRM;

- *database* marketing;
- correios;
- redes sociais.

O telemarketing consiste em um "serviço muito conhecido como **a promoção de vendas por telefone**. O que poucos sabem é que, além de trabalhar com a venda de serviços ou produtos por meio de ligações ativas, ele também funciona como um eficiente canal para atendimento ao cliente, inclusive no pós-venda" (Prestus, 2022, grifo do original).

Por sua vez, CRM "[...] é um software para organizar e registrar todas as ações de vendas de uma empresa. [...] O conceito de CRM envolve processos, estratégias, cultura organizacional e tecnologia. Acima de tudo, é um facilitador para as equipes de vendas" (Turcato, 2022).

Por fim, as redes sociais são "estruturas formadas dentro ou fora da internet, por pessoas e organizações que se conectam a partir de interesses ou valores comuns. Muitos confundem com mídias sociais, porém as mídias são apenas mais uma forma de criar redes sociais, inclusive na internet" (Siqueira, 2021).

Entre as redes sociais mais utilizadas no Brasil, em 2022, estão (em milhões de usuários) (Volpato, 2022):

- WhatsApp – 165 mi
- YouTube – 138 mi
- Instagram – 122 mi
- Facebook – 116 mi
- TikTok – 73,5 mi
- Messenger – 65,5 mi

» LinkedIn – 56 mi

» Pinterest – 30 mi

» Twitter – 19 mi

» Snapchat – 7,6 mi (e caindo)

O fato é que estamos vivemos intensamente a era da internet e das redes sociais. Já parou para pensar em qual imagem você transmite às pessoas? Afinal, praticamente todo mundo pode ter acesso a suas ações e reações nas redes, além de fotos, *check-ins*, preferências e demais dados que você compartilha. Antes de contratar ou de demitir, a maioria das empresas busca nas redes sociais informações sobre seus candidatos/colaboradores. Aliás muitas pessoas perdem grandes oportunidades de mercado justamente por não ficarem atentas a suas ações na internet.

A consultoria especializada em recrutamento, seleção, outplacement e recolocação de executivos Luciana Tegon ressalta que os profissionais são avaliados também no âmbito pessoal. 'A gente quer entender um pouquinho o que faz aquele candidato que pode vir a se tornar funcionário dentro da empresa', explica. (Cavallini, 2018)

No segmento de serviços, o marketing de relacionamento deve receber especial atenção, pois, segundo a teoria desenvolvida por Lusch e Vargo (2006), o marketing sempre teve uma visão dominante de bens (físicos) que foi evoluindo para uma visão dominante de serviços. Por conseguinte, o marketing de relacionamento sempre teve como foco de suas estratégias os produtos físicos. Contudo, segundo esses autores, a intangibilidade, as trocas e os relacionamentos são essenciais para o processo mercadológico. Enfim, a tradicional visão que separava bens e serviços está ultrapassada (Troccoli et al., 2011).

De acordo com a teoria recém-mencionada, o valor não está no produto em si, mas no uso que se faz dele. Por isso, considera-se atualmente que tudo é serviço, tudo é *user experience* (UX)!

> *User Experience (UX) é um dos termos mais utilizados nos últimos tempos no mundo do Marketing e nos demais planetas que orbitam a esfera corporativa. O motivo para isso é simples: a experiência do usuário faz toda a diferença.*
>
> **User Experience**, *ou experiência do usuário, tem sido um dos termos mais mencionados no mundo do Marketing e na área corporativa como um todo. Ele* **trata da forma como os usuários interagem com o produto ou serviço de uma empresa**, *assim como com seus canais durante sua jornada de decisão e compra.*
>
> (Gusmão, 2020, grifos do original)

Conforme já citamos, atualmente a preocupação com a relação com o cliente vem ganhando centralidade, já que o mercado está cada vez mais disputado. Nesse panorama, a experiência do usuário é um dos mais relevantes diferenciais. Além disso, por conta da expansão do acesso à informação, os consumidores conhecem mais seus direitos (o que é muito importante) e sabem que a responsabilidade do fabricante se estende por praticamente toda a cadeia de consumo. Por essa razão, são inescapáveis o cuidado e a busca pela melhoria de processos, sejam de manufatura do bem físico, sejam do desenvolvimento do serviço.

Os 4 Cs do marketing de relacionamento

No estudo do marketing, tradicionalmente se trata do egrégio composto de mercado, que retrata de maneira didática e compreensível a percepção dos pontos mais relevantes. Estamos falando do *mix* de marketing, formado pelos 4 Ps (Figura 4.3).

Figura 4.3 – *Mix* de marketing

| Produto | Preço | Praça | Promoção |

No composto de marketing, tudo gira em torno do produto. Isto é, primeiramente, o produto é criado; em seguida, determina-se um preço que cubra os custos e que ofereça margem de lucro; depois, o produto é disponibilizado nos pontos de vendas, por meio de uma cadeia de distribuição adequada.

Contudo, na década de 1990, o professor norte-americano Robert F. Lauterborn propôs uma abordagem diferente. Ele considerava que a teoria do composto mercadológico – ou *mix* de marketing – era excessivamente focada em produtos, e não levava em conta os consumidores.

Aos poucos, reconheceu-se que os clientes têm voz e vez, e que muitas vezes acabam influenciando outras pessoas sobre suas decisões de compra.

Então, Lauterborn (1990) propôs a substituição dos 4 Ps pelos 4 Cs (Amaral, 2008), correspondendo a: cliente, custo, comunicação e conveniência.

Alguns autores modernos insistem em "desmerecer" o cliente, independentemente de ele ser consumidor de produtos ou serviços. No entanto, é justamente o consumidor que deve ser considerado o foco e a razão da existência de qualquer organização, tanto do setor privado quanto do público (Figura 4.4).

Figura 4.4 – Foco no consumidor

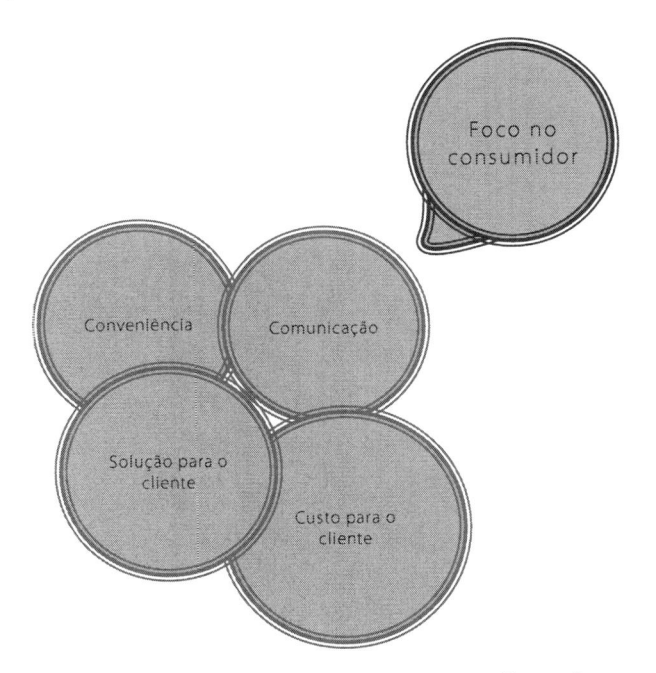

Podemos analisar o conceito proposto por Lauterborn por meio de uma forma visual de identificação das percepções existentes entre o composto de marketing (4 Ps) e o foco no cliente (4 Cs), associando cada P a um C, conforme esquematizado na Figura 4.5.

Figura 4.5 – Comparação entre os 4 Cs e 4 Ps de marketing

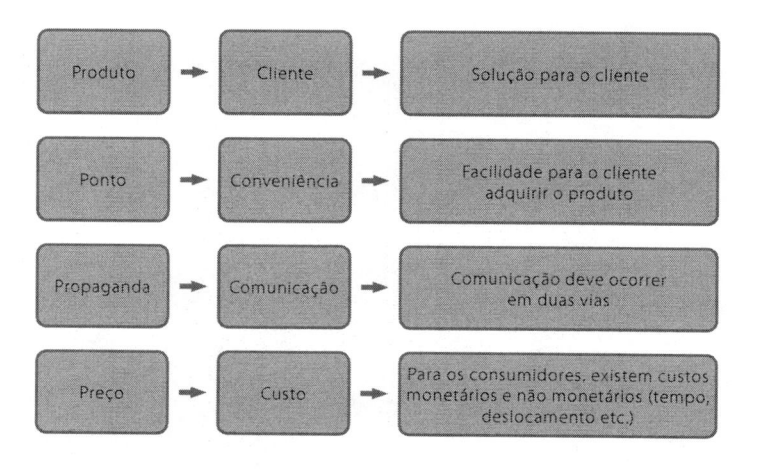

Produto	→	Cliente	→	Solução para o cliente
Ponto	→	Conveniência	→	Facilidade para o cliente adquirir o produto
Propaganda	→	Comunicação	→	Comunicação deve ocorrer em duas vias
Preço	→	Custo	→	Para os consumidores, existem custos monetários e não monetários (tempo, deslocamento etc.)

> É bastante simples adotar essas noções para desenvolver uma percepção adequada do mercado. Com esse conhecimento, seu olhar mercadológico se tornará mais efetivo e ágil. Isso porque, como já mencionamos, diariamente notamos mudanças em nossos comportamentos e, com o passar dos anos, passamos a ser mais exigentes, concorda? Basta pensar: você se considera o(a) mesmo(a) pessoa, com os mesmos hábitos que tinha há cinco anos?
>
> Todo esse processo que chamamos de "olhar mercadológico" deve ser exaustivamente treinado, como durante passeios, ao fazer compras, no trabalho, na internet etc. Se você seguir isso à risca, verá uma grande diferença em sua capacitação profissional e, com efeito, será notado como um profissional acima da média. Resumidamente, você terá um bom diferencial

> competitivo em comparação com seus concorrentes e descobrirá coisas que eles sequer imaginam.
>
> Nosso intuito é despertar em você uma espécie de incômodo, e esperamos que até este momento esse objetivo tenha sido cumprido, de que você esteja ainda mais "inquieto" com o assunto que estamos tratando. Afinal, só evoluímos pessoal e profissionalmente quando saímos da zona de conforto, não é mesmo?

Captação, fidelização e retenção de clientes

Já explicamos que o marketing de relacionamento consiste em um processo de atividades mercadológicas contínuas que objetivam conquistar novos clientes e manter a carteira atual de consumidores. Esse processo envolve as etapas de pré-venda, venda e pós-venda. Em síntese, a base para um projeto de relacionamento com o consumidor está na criação de vínculos cada vez mais sólidos com os clientes finais, com foco na fidelização e retenção.

Reiteramos que fidelização é a "percepção de consumidores que tiveram experiências tão positivas com uma marca, que mantêm e reforçam o desejo de compra de produtos e serviços daquela empresa" (Patel, 2022a).

Já a retenção de clientes consiste na "**capacidade de manter clientes fiéis**, que continuam fazendo negócios com uma empresa, ao longo do tempo. Considere todo o esforço que a sua empresa faz para conquistar um **cliente**" (Silva, 2020, grifo do original).

No Brasil, foi por volta da década de 1980 que o pós-venda começou a ganhar espaço no mercado e nas universidades que estudavam gestão. Desde então, essa prática vem sendo adotada por praticamente todas as empresas, que estão obtendo ótimos resultados em suas ações mercadológicas. Isso tudo aliado ao fato de o mercado estar cada dia mais competitivo. Em razão desse cenário, há uma contínua necessidade de criar estratégias e implementar ações que vão muito além de desenvolver um bom produto ou serviço. Isso porque também se faz necessário direcionar esforços a fim de manter a satisfação dos clientes, aproximar-se deles e conhecê-los mais intimamente.

A seguir, destacamos algumas estratégias úteis no processo de fidelização.

» **Conhecer cliente**

É preciso buscar respostas às seguintes perguntas: De que o cliente mais gosta em determinado produto ou serviço? Quando consome mais ou menos? Quanto costuma gastar com os produtos/serviços que a empresa oferece? Afinal, é imprescindível saber com quem a organização está se relacionando.

» **Ter estratégias de fidelização**

É recomendável criar bônus, ofertas, vantagens, privilégios, sorteios e tudo o que proporcionar aos clientes a sensação de serem privilegiados por fazerem parte da empresa. Isso vale tanto para o público externo (clientes) quanto para o público interno (colaboradores). No entanto, é preciso ter atenção: a lealdade deve se constituir em uma via de mão dupla, pois clientes satisfeitos compram de marcas que correspondem a suas expectativas e que superam as experiências vivenciadas na concorrência.

» **Ouvir o seu cliente**

Para além de manter caixinhas na recepção para os clientes inserirem opiniões, é importante recorrer às novas tecnologias para auxiliar nesse processo. É possível obter de dados de um modo mais condizente com a modernidade, proporcionando uma experiência agradável para as duas partes. Nesse sentido, pode-se utilizar telefone, e-mail, redes sociais ou mesmo formulários de consulta no próprio *site* que podem servir como fonte de pesquisa de opinião, principalmente em eventos e feiras realizadas no segmento da empresa.

» **Manter contato**

Você sabia que os clientes "sentem saudades"? Por isso, é aconselhável manter contato com eles. Contudo, isso não deve ser feito somente no aniversário ou em datas comemorativas. É interessante encontrar momentos que serão mágicos para a relação entre cliente e empresa, afinal, todos nós, em geral, gostamos de ser lembrados. Contudo, isso deve ser feito sem se atravessar a linha de intimidade.

» **Não compartilhar problemas pessoais, sendo ético**

Ética corresponde aos "princípios que orientam as ações humanas e a capacidade de avaliar essas ações" (Menezes, 2022). Sabemos que é fundamental estar próximo do público-alvo. Portanto, ter ética no relacionamento com os consumidores proporciona mais facilidade para reter clientes e melhorar o relacionamento com eles.

Essa relação, sadia e transparente, deve respeitar alguns limites, e é exatamente por isso que se faz necessário ser ético ao lidar com os consumidores. Isso significa que não é viável deixar transparecer informações particulares, problemas familiares etc., pois, embora essa conduta possa representar uma espécie de proximidade, ela pode ser prejudicial no processo de forma geral. Diante do exposto, consideramos que vale a pena ter atenção às premissas que constam na Lei Geral de Proteção de Dados (LGPD) e a todas as implicações que podem decorrer do vazamento de informações.

A proposta da lei diz sobre a coleta de dados dos usuários de internet brasileiros. Assim como os dados devem ser coletados, tratados, armazenados e protegidos. A LGPD também prevê punições para descumprimento em casos de vazamentos, ou outras irregularidades.
(Marinho, 2021)

Dias (2003, p. 21) afirma que "fidelizar ou reter cliente é o resultado de uma estratégia de marketing que tem como objetivos gerar frequência de compra dos clientes, aumentarem [sic] as vendas por cliente e recompensá-los por compras repetidas". Ainda sobre a fidelização de clientes, Las Casas (2010, p. 45) argumenta que

fidelidade significa que os clientes continuam a comprar de uma empresa porque acreditam que ela tenha bons produtos ou serviços. Assim sendo, a fidelidade deve ser de todos [os] públicos, ou seja, além da fidelidade dos consumidores, da empresa oferecendo produtos e serviços de qualidade, deve também incluir todos os funcionários.

Por fim, conforme exposto por Levitt (1994, p. 41), "O relacionamento entre vendedor e comprador raramente termina quando uma venda é realizada". O relacionamento com o cliente vai se intensificando após o processo de venda e influencia a escolha do consumidor em uma compra futura. A venda em si apenas consuma o namoro e indica a fase em que o casamento tem início, afinal, estamos falando em marketing do amor, isto é, de conquista, manutenção, retenção e fidelização.

Programas de fidelização

No marketing de relacionamento, criar e colocar em prática programas de fidelidade pode ser um ótimo recurso para estreitar as relações entre cliente e empresa, seja no ambiente físico (lojas tradicionais), seja em lojas virtuais.

Thomsen (2022) apresenta uma série de programas de fidelização para as empresas, os quais elencamos a seguir:

» **Programa de troca de passagens por milhas de viagem e programa de pontos**

Resumidamente, o programa de pontos diz respeito a um sistema que possibilita ao cliente adquirir pontos cada vez que usa o cartão de crédito, determinado aplicativo ou uma conta bancária.

Ele tem como base o princípio de que quanto mais se gasta, maior é a quantidade de pontos que se ganha em troca, o que, além de estabelecer uma relação entre as partes, contribui para uma posterior fidelização.

» **Programa pago**

Os programas pagos demandam que os clientes arquem com uma taxa, que pode ser mensal ou anual, para se associarem a uma espécie de clube de membros exclusivos. Logo, é necessário contar com uma base de clientes já consolidada para que essa estratégia de fidelidade seja eficiente.

» **Programa de caridade**

Do ponto de vista social, o programa de caridade é bastante sustentável. Trata-se de um programa de fidelidade que não precisa incluir descontos, mas, sim, incorporar valores da empresa para a construção de uma relação mais forte com os clientes. Dessa forma, a fidelidade estrutura-se em valores mútuos.

» **Programa de níveis**

O sistema de programa em níveis considera os chamados *níveis de fidelidade*. Neles, quanto mais se aumenta o grau de fidelidade a uma marca – ou seja, quanto mais os clientes compram/consomem determinado produto/serviço –, maiores são as recompensas recebidas.

» **Programa de assinatura**

O programa de assinatura não é tão somente um tipo de estratégia utilizada para oferecer recompensas e benefícios. É mais uma demonstração de afinidade e conveniência referente ao contínuo recebimento de um produto ou serviço.

» **Programas de *cashback***

Segundo Barcelos (2022), o termo em inglês *cashback* pode ser traduzido algo como "dinheiro de volta". "O nome explica muito bem como funciona esse sistema: após comprar um produto, o cliente recebe parte do valor pago de volta e é usado por muitas empresas que empreendem no digital" (Barcelos, 2022).

Para usar o *cashback*, é preciso se cadastrar em uma empresa que ofereça essa possibilidade. Assim, sempre que o cliente faz uma compra, recebe uma porcentagem do valor (escolhido pela empresa) de volta.

E o que é o programa de fidelidade? É uma forma de atrair clientes e levá-los a perceber vantagens recorrentes em suas compras em determinadas lojas. Um exemplo que ilustra bem essa estratégia são os cartões de crédito, por meio dos quais os consumidores obtêm milhas para serem usadas em futuras viagens.

Alguns programas são tão eficientes que automaticamente geram descontos em recompras. Nesse caso, um bom exemplo é o marketing digital, que diz respeito ao "conjunto de atividades que uma empresa (ou pessoa) executa online com o objetivo de atrair novos negócios, criar relacionamentos e desenvolver uma identidade de marca. Dentre as suas principais estratégias estão o SEO, Inbound Marketing e o Marketing de Conteúdo" (Peçanha, 2020).

Por exemplo, no caso de uma compra via *e-commerce*, em muitas plataformas preparadas para isso, o próprio algoritmo identifica o tipo de compra e oferece produtos complementares de forma digital. vale muito a pena pesquisar mais sobre isso.

Relembrando, o *e-commerce* se refere "às vendas pela internet, mais especificamente, as que são realizadas por uma única empresa, seja um fabricante ou revendedor, por meio de uma plataforma virtual própria" (Soub Digital, 2022).

E para não deixarmos nenhuma aresta a aparar, apresentamos uma conceituação de algoritmo: "**sequência de raciocínios, instruções ou operações para alcançar um objetivo**, sendo necessário que os passos sejam finitos e operados sistematicamente" (Rock Content, 2019c, grifo do original).

Marketing de relacionamento e serviços: Servqual

Antes de avançarmos em nossa abordagem, é interessante que você pense sobre a diferença entre produtos e serviços e como isso influencia o marketing de relacionamento de forma geral. Os produtos são bens tangíveis, e os serviços são intangíveis. Isso significa que é possível estocar produtos, mas não serviços. Ainda, produtos são desenvolvidos mantendo certo padrão, um molde. Por sua vez, os serviços variam de pessoa para pessoa. Eis aí a razão para se criar uma estratégia de relacionamento para perpetuar as transações tanto no setor de produtos quanto no de serviços.

E em que consiste, de fato, o marketing de serviços e quais são suas características?

Embora os serviços sejam uma espécie de produto, eles têm características distintivas. Por isso, faz sentido adotar um marketing diferenciado para eles. Com o intuito de auxiliar nesse processo, no quadro a seguir destacamos os principais elementos que estabelecem essa diversificação.

Quadro 4.1 – Diferenças entre produtos e serviços

Produtos	Serviços	Características
Tangíveis	Intangíveis	Os serviços não podem ficar disponíveis em estoques ou expostos e dificilmente serão patenteados. A precificação também é mais complicada.
Padronizados	Heterogêneos (ou variáveis)	A qualidade do serviço prestado pode variar de acordo com fatores incontroláveis. Por exemplo, quando se executa o serviço, a satisfação do cliente vai depender dos colaboradores, bem como da cooperação. Ou seja, não se tem certeza de que o serviço vai atender ao proposto.
A produção é separada do consumo	A produção e o consumo são simultâneos (indivisíveis ou inseparáveis)	Os clientes participam de forma intensa e afetam a transação. Consumidores e colaboradores influenciam no desfecho do serviço. Os clientes se afetam mutuamente. A produção de serviços em massa é difícil.

(continua)

(Quadro 4.1 – conclusão)

Produtos	Serviços	Características
Não perecíveis	Perecíveis	É difícil sincronizar oferta e demanda em serviços (por exemplo, pela manhã, uma padaria fica cheia de clientes, mas às 14h, está vazia). O tempo ocioso não pode ser devolvido ou revendido (por exemplo, um ônibus que sai com poltronas vazias jamais vai recuperar o valor das passagens que deixou de vender). Por *perecíveis* entende-se que têm vida programada para acabar.

Fonte: Elaborado com base em Zeithaml; Bitner; Gremler, 2014.

Várias das características dos serviços podem fazer os clientes sentirem alguma insegurança quanto à garantia de receber serviços de qualidade. Nessa perspectiva, a experiência do usuário se constitui como fator determinante na opção por um ou outro serviço. Por esse motivo, alguns médicos atendem somente em consultório particular, com valores relativamente altos, ao passo que outros não atingem esse patamar obviamente mais rentável. Da mesma forma, um pedreiro pode cobrar pouco, mas não ter muitos clientes, e outro trabalhar com valores mais altos, mas ter até fila de espera. Isso demonstra que é a qualidade percebida pelo público que determina se é justo que um profissional cobre mais por seus serviços.

Tais informações são relevantes para se distinguir produtos (tangíveis) de serviços (intangíveis). Agora, considere a possibilidade de vender ambos simultaneamente. Por exemplo, imagine que você é dono de uma floricultura. No momento de vender um buquê de rosas, o cliente pode visualizar e manusear as flores e, assim, imediatamente fazer uma avaliação, do tipo: *estas rosas estão desidratadas, murchas, sem vida* ou *os espinhos das rosas podem machucar a mão da minha filha* (Ramos, 2017). Essas reações são percebidas porque o produto é visível. Mas além da venda de flores naturais, a mesma floricultura pode oferecer serviços de decoração e manutenção de flores residenciais, por exemplo. Assim, além de vender produtos, ela também presta serviços (intangíveis).

Entretanto, nos serviços, nem sempre as impressões dos clientes podem ser percebidas como ocorre com produtos. Os consumidores podem ou não gostar do serviço de determinada empresa, e eles estão cada vez mais exigentes, o que é normal, como já comentamos.

Para reter, observar, analisar e mensurar a qualidade dos serviços prestados, desenvolveu-se uma ferramenta bastante interessante, a escala Servqual.

> *O SERVQUAL mede a qualidade do serviço baseando-se nas **expectativas do cliente** em contraponto com a **percepção** que esse mesmo cliente tem em relação ao serviço que recebeu.*
> *A metodologia busca saber **quais fatores o cliente considera mais importantes na prestação de um serviço**. Dividido em duas etapas, o método consiste em 2 entrevistas que devem ser realizadas com vários clientes, focando em **22 perguntas** preestabelecidas em cada uma.* (Ramos, 2017, grifos do original)

O questionário Servqual pode ser utilizado para melhorar a gestão com base em dados e fatos colhidos. Seu objetivo é "identificar medidas de avaliação que levem em consideração as lacunas (gaps) entre as expectativas dos usuários e a percepção do que realmente é oferecido" (Gonçalves; Bruno; Borges, 2017, p. 3). Assim, ele permite identificar os fatores mais relevantes na prestação de serviços.

Nas duas entrevistas, o consumidor/cliente deve atribuir uma pontuação correspondente à qualidade dos serviços prestados nas organizações. Tal pontuação pode ser estabelecida pela empresa que faz a pesquisa, mas normalmente são utilizadas notas entre 0 e 6 pontos.

Apresentamos a seguir, na Figura 4.6, um exemplo ilustrativo do modelo Servqual:

Figura 4.6 – Modelo Servqual

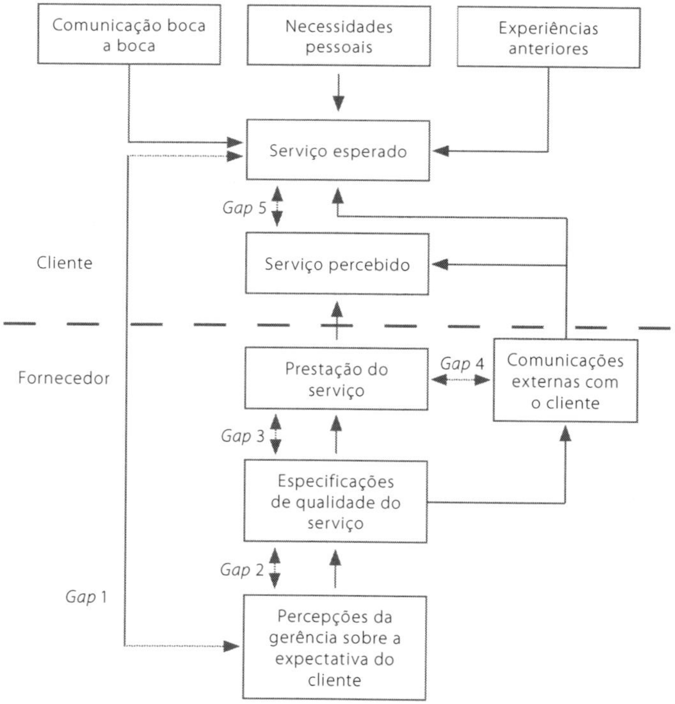

Fonte: Parasuraman et al., citado por Igreja; Silva; Sousa, 2020, p. 47.

Em geral, na primeira entrevista, o cliente é questionado acerca de sua percepção sobre o que considera ideal ou mais relevante para que uma empresa preste o serviço avaliado. Na segunda, busca-se especificamente compreender o que ele pensa a respeito da empresa.

Todavia, tudo o que apresentamos até este momento fará sentido somente se houver a consciência de que, para prestar um bom serviço, é necessário fazer a diferença. Portanto, faça o seu melhor, da forma que puder, para encantar os clientes e lhes proporcionar uma experiência positiva e que gere neles um sentimento bom e, se possível, inesquecível.

> "As pessoas esquecerão o que você disse, as pessoas esquecerão o que você fez. Mas elas nunca esquecerão como você as fez sentir." (Maya Angelou, citada por Ferreira Junior, 2021a)

Síntese

Neste capítulo, enfatizamos que a relação entre empresa e consumidores é determinante para a gestão. Analisamos alguns importantes conceitos de marketing de relacionamento que certamente nortearão suas aplicações futuras. Ainda, salientamos que a fidelização e a criação de relações mais duradouras e lucrativas com o público são estratégias mais vantajosas do que se aventurar para investir em mercados desconhecidos.

Questões para revisão

1. Qual das alternativas a seguir se refere à ferramenta de gestão que mede a qualidade do serviço com base nas expectativas do cliente e na percepção que este tem do serviço recebido?
   a. Servqual.
   b. *Feeling.*
   c. Marketing viral.
   d. *Leasing.*
   e. *Merchandising.*

2. Qual dos termos a seguir pode ser traduzido como "dinheiro de volta"?
   a. *Stakeholder.*
   b. *Cashback.*
   c. *Feedback.*
   d. *Deadline.*
   e. *Merchandising.*

3. Qual dos termos a seguir diz respeito à experiência do usuário?
   a. *Stakeholder.*
   b. *User experience.*
   c. *Feedback.*
   d. *Cashback.*
   e. *Merchandising.*

4. Explique em que consiste o termo *user experience* no marketing (mercado em ação).

5. Qual é o nome do serviço muito recorrente no marketing e que consiste em promover vendas de produtos ou serviços via telefone, sendo também um importante canal de comunicação com o cliente?

Questões para reflexão

1. O *cashback* tem sido uma realidade cada vez mais atual no cenário de hoje. Reflita sobre a importância dessa estratégia organizacional para conquistar mais clientes.

2. Em sua opinião, qual é a importância da ferramenta *customer relationship* management (CRM) para que uma organização se torne bem-sucedida?

capítulo 5
tecnologia no relacionamento com os clientes

Elizeu Barroso Alves

Conteúdos do capítulo
» *Database* marketing e medidas de desempenho.
» CRM e a tecnologia da informação.
» Tipos de CRM.

Após o estudo deste capítulo, você será capaz de:
» utilizar a tecnologia para ampliar a efetividade do CRM;
» conhecer os tipos de CRM;
» implantar um CRM.

Database marketing

Sem dúvidas, o *database* marketing (DBM) é uma valiosa ferramenta na lógica das empresas que investem em relacionamento com os clientes, pois seu objetivo é agregar valor aos seus produtos/serviços. Assim é porque as organizações fazem uso da informação para melhor conhecerem e atenderem os consumidores.

De acordo com Zenone (2017, p. 58), o "database (banco de dados) é responsável pelo armazenamento e pelo percurso das informações pela organização, portanto, deve ser o sistema central para o desenvolvimento de estratégias de relacionamento e servir de fermenta indispensável para o atendimento".

Em seus primórdios, o DBM era apenas um banco de dados. Contudo, com o avanço da digitalização, ele se tornou uma verdadeira ferramenta de inteligência, por meio da qual é possível atingir o cliente certo e na hora certa. Trata-se de se fazer presente no momento adequado – até mesmo quando o consumidor nem sequer tem ciência de que precisa da empresa.

Nessa ótica, o DBM é utilizado para identificar, tratar, agrupar e transformar dados de clientes em informações que serão a base da estratégia de relacionamento. Isto é, são as informações que possibilitam à organização interagir do modo mais adequado com os consumidores.

Segundo Zenone (2017, p. 58), são três as funções do DBM:

Receber os dados provenientes dos diversos pontos de contato: o database deverá receber informações dos pontos de contato que a empresa disponibiliza ao mercado, como SAC, e-mail, internet, redes sociais, vendedores, aplicativos de mensagens, entre outros. É importante que esse sistema também receba informações sobre o mercado que já estão disponíveis nos outros sistemas da empresa, como o sistema de cobrança, de produção, sistema de vendas, financeiro, de logística etc.

Armazenar e tratar adequadamente os dados: o banco de dados deverá armazenar todos os dados (ou os dados que interessam para o desenvolvimento de estratégias de relacionamento e atendimento) de forma padronizada e permitir a análise das informações. Os dados devem estar atualizados, "higienizados", completos e organizados de tal forma que permitam uma análise perfeita.

Disponibilizar as informações para todas as áreas organizacionais: é importante que as informações contidas no banco de dados possam ser enviadas ou disponibilizadas para todas as áreas organizacionais com o objetivo de colocar a empresa "ao redor do cliente", ou seja, permitindo que cada área visualize o status do *relacionamento ou do atendimento ou o perfil e característica do cliente e desenvolva uma estratégia mais adequada.* (Zenone, 2017, p. 58, grifos do original)

Portanto, o DBM é uma ferramenta que recebe os dados e os repassa aos demais setores da empresa. Por exemplo, as informações do SAC podem conter excelentes dados referentes aos perfis de consumo, possibilitando o desenvolvimento de uma proposta que faça jus às necessidades dos clientes.

A esse respeito, observe a seguir, na Figura 5.1, um exemplo que ilustra essa lógica de coleta e difusão.

Figura 5.1 – Lógica do DBM

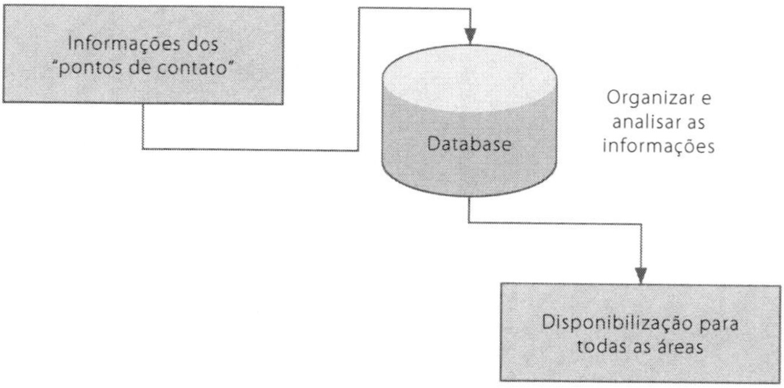

```
Informações dos          →    Database    →    Organizar e
"pontos de contato"                             analisar as
                                                informações
                                                     ↓
                              Disponibilização para
                                todas as áreas
```

Fonte: Zenone, 2017, p. 59.

Com o avanço da tecnologia, o DBM pode trabalhar em uma lógica de *big data*, ou seja, envolver maior número de dados com velocidade, volume, variedade, veracidade e valor. A ideia não é apenas armazenar os dados, mas também dar sentido às informações e usá-las de modo estratégico a fim de ampliar o sucesso no relacionamento com o cliente.

Big data é um conjunto de dados maior e mais complexo, especialmente de novas fontes de dados. Esses conjuntos de dados são tão volumosos que o software tradicional de processamento de dados simplesmente não consegue gerenciá-los. No entanto, esses grandes volumes de dados podem ser usados para resolver problemas de negócios que você não conseguiria resolver antes. (Oracle, 2021).

Obviamente, o DBM não pode ser considerado uma ferramenta milagrosa. Ele permite cruzar dados e transformá-los em informação, mas se não estiver vinculado a uma estratégia maior de relacionamento com o cliente, será incapaz de gerar resultados satisfatórios para a empresa.

Portanto, não confunda: o **DBM** é uma ferramenta utilizada em ações estratégicas dentro do âmbito do **marketing de relacionamento**, o qual, por sua vez, diz respeito a um conjunto de estratégias de que uma empresa faz uso para construir uma relação contínua e duradoura para além dos critérios transacionais.

Por fim, com o uso do DBM, a organização pode elaborar diversas estratégias, a exemplo da análise da jornada do cliente, que possibilita criar ações como promoções sazonais e programas de fidelidade, além de elaborar modelos de segmentação, enviar mensagens personalizadas e qualificar *leads*.

A escolha das melhores estratégias de marketing de relacionamento perpassa pela seleção de indicadores que medem o desempenho das ações mercadológicas. Com isso, novos dados são gerados e transformados em informações. Assim, a empresa está sempre mais próxima da realidade dos consumidores.

Medidas de desempenho de marketing de relacionamento

Quando o assunto é gestão do relacionamento com o cliente (o já citado *customer relationship management* – CRM), faz-se referência ao fato de que tal estratégia deve ser planejada e organizada, demandando líderes que controlem as ações. O objetivo é avaliar se o que foi planejado é o que está ocorrendo. Para esse acompanhamento, recorre-se às medidas de desempenho do marketing de relacionamento.

Suponha que determinada empresa elabora o seguinte programa de fidelização: a cada dez compras de um produto, a décima primeira é gratuita. Agora, imagine que uma *pizzaria* faz uso dessa estratégia. Embora apenas um a cada dez clientes receba a compra gratuitamente, a expectativa era de que a cada dez clientes, sete recorressem ao prêmio. Nesse caso, a métrica (número de clientes) revela o desempenho da estratégia e demonstra que ela possa ser revista.

A implantação de uma estratégia de marketing de relacionamento divide-se em quatro etapas, quais sejam,

1. desenvolvimento e análise estratégica;
2. estratégia de informações e gestão de clientes;
3. planejamento e marketing interno;
4. ativação e adaptação.

Na Figura 5.2, a seguir, ilustramos que essa implantação ocorre por meio de um processo: nasce na concepção da estratégia e culmina no momento de colocá-la em prática. Por meio dela, pode-se avaliar a estratégia a fim de corrigi-la ou potencializá-la.

Figura 5.2 – Implantação do marketing de relacionamento

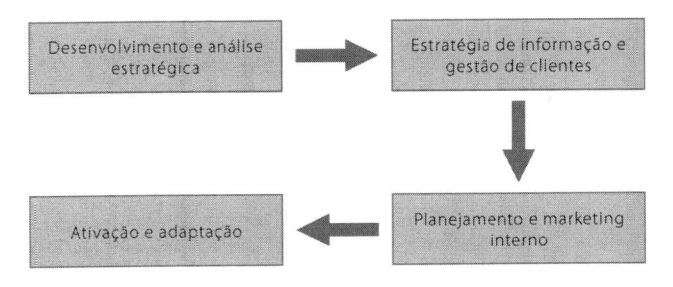

```
┌─────────────────────────┐      ┌─────────────────────────┐
│ Desenvolvimento e análise│ ───▶ │ Estratégia de informação e│
│      estratégica         │      │   gestão de clientes     │
└─────────────────────────┘      └─────────────────────────┘
                                              │
                                              ▼
┌─────────────────────────┐      ┌─────────────────────────┐
│  Ativação e adaptação    │ ◀─── │ Planejamento e marketing │
│                          │      │        interno           │
└─────────────────────────┘      └─────────────────────────┘
```

Fonte: Zenone, 2017, p. 59.

A primeira etapa se refere ao desenvolvimento dos objetivos da estratégia de relacionamento, considerando a missão, a visão e os valores da empresa. Ainda, envolve o conhecimento de mercado, o que se espera do relacionamento com o cliente e as formas de transformá-lo em uma relação lucrativa e duradoura (Zenone, 2017).

As medidas de desempenho fazem parte da segunda etapa, vinculada à organização das informações e à gestão do relacionamento com o cliente, visto que é nessa fase que se deve considerar as estratégias e aferir seu êxito. Nas palavras de Zenone (2017, p. 68): "É nesse momento que a empresa deverá capturar, armazenar e organizar todas as informações necessárias (e definidas na etapa anterior) em um banco de dados e tratá-las de tal forma que permita uma gestão adequada do relacionamento com o cliente".

As métricas criadas são muito importantes para a terceira etapa, a qual envolve a capacitação da equipe e a implantação da filosofia do relacionamento com os clientes. Conforme Zenone (2017, p. 68), nessa fase, "a empresa deve treinar e capacitar os usuários, definindo suas responsabilidades e apresentando todo o potencial da ferramenta às áreas envolvidas".

Os indicadores de desempenho, ou KPIs (*key performance indicators*) permitem à empresa acompanhar os progressos rumo ao atingimento das metas e dos objetivos. Segundo Patel (2022b), o KPI se refere a "uma ferramenta de gestão empregada para analisar os indicadores mais importantes de um negócio ou empresa". De acordo com Gabriel (2018a, grifo do original), trata-se de uma:

> *forma de* **medir se uma ação ou um conjunto de iniciativas está efetivamente atendendo aos objetivos propostos** *pela organização.*

Existem diversos indicadores que podem ser medidos. Estamos em uma época em que o fluxo de informação é imenso e constante! O ponto central é saber escolher quais são os indicadores mais adequados a cada contexto.

Nesse caso, quem elabora o KPI para a análise de desempenho deve decidir se a métrica será por número ou porcentagem: "Se você quer medir quantas páginas um visitante viu no blog que você criou para sua empresa durante uma visita, você terá um número (3 páginas por visita, por exemplo). Já a taxa de rejeição de uma página do seu blog é um percentual – como 70%" (Gabriel, 2018a).

Também não se deve confundir métricas com KPIs, pois estes se referem a "indicadores importantes para o seu negócio e o seu objetivo, enquanto **uma métrica é apenas algo a ser medido**. Se por algum motivo essa métrica se torna relevante para a sua estratégia, ela vira um indicador-chave" (Gabriel, 2018a, grifo do original).

Além disso, de acordo com Gabriel (2018a), os bons KPIs são aqueles que:

» podem ser mensurados;
» têm importância para a base do negócio;
» têm relevância;
» auxiliam em escolhas inteligentes;
» têm periodicidade.

Com relação aos KPIs nas práticas de relacionamento com os clientes, é importante considerar certos indicadores, tais como: *lifetime value* (LTV); redução nos gastos com marketing e anúncios; *customer satisfaction score* (CSAT); Servqual; *customer effort score* (CES); *customer equity*; e *net promoter score* (NPS). Alguns deles estão detalhados a seguir:

1 – Customer Satisfaction Score (CSAT)

O Customer Satisfaction Score (CSAT) é um indicador utilizado para identificar o nível de satisfação dos clientes com a sua empresa.

Para calcular o CSAT, é preciso fazer uma pesquisa com os clientes pedindo que eles avaliem a experiência deles em uma escala que vai de "totalmente satisfeito" até "totalmente insatisfeito". [...]

2 – ServQual

O ServQual é um indicador utilizado para a avaliar a percepção dos clientes sobre a qualidade dos serviços que a

> sua empresa oferece, como suporte técnico e atendimento pós-venda. [...]
>
> **3 – Customer Effort Score (CES)**
>
> [...] *Essa métrica busca mensurar o esforço que o cliente precisa fazer para resolver algum problema ou utilizar as soluções que ele adquiriu.*
>
> Aqui também é feita uma pesquisa de satisfação para que o cliente avalie o esforço em uma escala de 1 a 5.
>
> **4 – Customer Equity**
>
> [...] *é um indicador de relacionamento que mostra o quão rentável é a sua base de clientes. Essa métrica busca medir o potencial de lucro futuro que seus clientes vão trazer para a sua empresa.*
>
> Assim, você saberá o quanto suas iniciativas de se relacionar com o cliente estão trazendo de potencial de ganhos para a empresa. Uma medida dos resultados efetivos de seus esforços de atender bem o cliente. [...]
>
> **5 – Net Promoter Score (NPS)**
>
> [...] é um dos indicadores mais utilizados pelas empresas para mensurar a satisfação dos seus clientes e a qualidade do relacionamento cultivado com a sua base. (Gomes, 2022, grifos do original)

A filosofia do bom relacionamento precede a implantação do CRM, pois, como informamos nos capítulos anteriores, a empresa precisa ter sua estratégia de relacionamento amarrada à sua macroestratégia.

Customer relationship management (CRM) e sua relação com a tecnologia da informação

Nesta seção, voltaremos nosso foco ao estudo do CRM. Particularmente, gostamos de pensar que as iniciais dessa sigla se referem à seguinte frase: construindo relacionamentos melhores. Isso porque as organizações procuram ter mais conhecimentos a respeito de seus clientes (por meio das informações que adquirem) a fim de serem mais exitosas em seus relacionamentos, sendo capazes de lhes entregar o valor que eles esperam. Portanto, o CRM diz respeito a um agrupamento de técnicas para gerenciar o relacionamento entre empresa e consumidores.

Nas palavras de Paulillo (2022, grifo do original): "Em sua essência ou em conceito, CRM é uma **estratégia de negócio com o foco no cliente**. Ou seja, as ações da empresa ficam voltadas para as necessidades dos clientes, ao invés dos próprios produtos. Assim, essa estratégia **engloba as áreas de marketing, vendas e serviços de atendimento**".

Dessa forma, segundo Gummesson (2010), o CRM diz respeito aos valores e às estratégias do marketing de relacionamento – com ênfase especial no relacionamento entre um cliente e um fornecedor – transformados em aplicação prática e dependentes da ação humana e da tecnologia da informação.

Outra conceituação de CRM é apresentada por Bretzke (citado por Zenone, 2017, p. 74):

> *Podemos entender também o conceito de Customer Relationship Management (CRM) ou gerenciamento do relacionamento como*

a integração entre o marketing e a TI para prover a empresa com meios mais eficazes e integrados para atender, reconhecer e cuidar do cliente em tempo real, transformando esses dados em informações que, disseminadas pela organização, permitem que o cliente seja "conhecido" e cuidado por todos da organização.

Diante do exposto, podemos afirmar que a tecnologia aplicada ao CRM é capaz de capturar os mais diversos dados dos clientes em todas as interações possíveis. Isso torna viável customizar o atendimento e a oferta de produtos/serviços.

A esse respeito, observe o Quadro 5.1, em que listamos os objetivos do CRM:

Quadro 5.1 – Objetivos do CRM

Objetivo	Forma de consegui-lo
Reter os clientes	Mediante programas de fidelização e melhorando o serviço ao cliente.
Aumentar o *customer share*	Desenvolvendo ofertas especialmente ajustadas para cada cliente e comunicando-as pessoalmente.
Identificar novas oportunidades	Mediante a interação com os clientes se identificam novas oportunidades de negócio.
Segmentar com bases certas	As bases de dados permitem escolher com precisão os clientes potenciais de cada proposta.
Redução de custos	Ao personalizar as ofertas e comunicações, são gerados menos gastos improdutivos.
Aumentar as vendas e a rentabilidade	As estratégias adotadas aumentam as vendas com um menor custo de gerenciamento, o que leva à maior rentabilidade.
Aumentar o valor da empresa	Ao serem retidos, os clientes passam a ser um ativo da empresa, valorizado mediante o LTV. Eleva-se, portanto, o valor da empresa.

Fonte: Elaborado com base em Cobra; Brezzo, 2010.

Para que seja bem-sucedida a transformação de dados em informações, faz-se necessário identificar os dados certos e as verdadeiras métricas norteadoras (KPIs) e medir o desempenho da equipe.

Em virtude disso, a organização precisa contar com a tecnologia necessária para colocar em prática sua filosofia de relacionamento com os clientes. Por exemplo: um *software* que atue como um sistema de registros internos.

Zenone (2017, p. 75) lista alguns elementos envolvidos nesse procedimento:

Regras de negócios: são necessárias para garantir que qualquer transação com o cliente seja processada de maneira eficiente. Por exemplo, se uma empresa quiser que os clientes mais lucrativos e de alto volume sejam atendidos por especialistas, as regras de negócios devem definir com clareza qual é esse critério. Com base na complexidade das transações, uma organização pode precisar de centenas de regras de negócios.

Data warehousing: gerenciar relacionamentos com os clientes depende das informações sobre eles, que muitas vezes estão em databases diversos e separados. Consolidar as informações importantes em um lugar e ter certeza de que elas se inter-relacionem não são tarefas fáceis. No entanto, uma vez realizado, o data warehousing (armazenamento conjunto de dados) contribui para ampliar o potencial de receita de uma empresa e o atendimento ao cliente. Por exemplo, uma empresa pode segmentar os tipos de cliente mantidos no data warehouse e lançar uma campanha de marketing direcionada para tipos específicos de clientes (Re-sell, Up-Sell, Keep-sell,

Cross-sell, Add-sell, New-sell e Friend-sell, além dos programas de fidelidade, todos tratados anteriormente).

WEB (internet): o uso mais importante da WEB, na perspectiva do CRM, é o autoatendimento, de modo que os clientes possam fazer consultas sobre suas contas a qualquer momento e de qualquer lugar. A WEB também deve ser usada para emissão eletrônica de faturamento e pagamento (EBPP, Electronic Bill Presentment and Payment), para que os clientes possam consultar o valor devido e fazer o pagamento on-line, se for apropriado. Para a ampliação da receita, as empresas também podem oferecer mensagens instantâneas, a serem usadas para serviços de vendas híbridas (programas de fidelização, prospecção, promocionais e vendas), com base nos perfis dos clientes que usarem o website.

IVR: é necessário um sistema de IVR (Interactive Voice Response, resposta interativa de voz) para que os clientes façam consultas de autoatendimento por telefone em vez de usar a WEB.

Geração de relatórios: é preciso ter boas ferramentas para geração de relatórios, tanto de clientes quanto gerenciais.

Tecnologia de central de atendimento: algum tipo de tecnologia de central de atendimento (call center) com PBX ou VoIP (Voice over Internet Protocol, voz por protocolo de internet) integrada com roteamento inteligente de chamadas é um requisito obrigatório para a interação com profissionais de atendimento ao cliente em operação.

Estrutura de integração: uma estrutura tecnológica que permita a integração de todos os aplicativos e databases que tenham informações sobre clientes pode representar uma grande diferença na implantação. Do ponto de vista dos sistemas, o CRM é a integração dos módulos de automação de vendas (SFA), gerência de *vendas, telemarketing e televendas, SAC, automação de marketing, ferramentas para informações gerenciais, WEB (internet) e comércio eletrônico.* (Zenone, 2017, p. 75, grifos do original)

Por meio da tecnologia, a empresa é capaz de segmentar suas estratégias e de se relacionar de modo adequado com todos os perfis de clientes com que ela lida. No entanto, é necessário considerar que os *softwares*, de fato, são a base tecnológica para o CRM, mas sua atuação deve ocorrer em consonância com as estratégias empresariais.

Logo, o "CRM não é somente um software, mas também uma filosofia. Projetos de CRM não são fatos isolados, e sim parte de um programa maior que engloba toda a organização" (Zenone, 2017, p. 76). Dessa forma, existem as **estratégias de CRM**, que dizem respeito aos processos da organização, e a **tecnologia CRM**, a qual se refere à plataforma que possibilita transformar os dados em informações, a fim de que a empresa as utilize em suas estratégias.

Em outras palavras, para que a empresa adote a tecnologia CRM, ela necessita de uma estratégia de relacionamento que lhe permita conhecer bem seu segmento de clientes e definir a melhor maneira de se relacionar com eles. Lembre-se de que, conforme exposto por Gummesson (2010, p. 19), os relacionamentos "necessitam que pelo menos duas partes estejam em contato uma com a outra. O relacionamento básico de marketing de duas partes, a cíade, acontece entre um fornecedor e um cliente".

Sob essa perspectiva, apresentamos, na sequência, algumas estratégias de prospecção de clientes, conforme abordado por Zenone (2017).

» *Re-sell*: por meio dessa estratégia, o cliente é levado a repetir a compra.

» *Up-sell*: a receita é incrementada mediante o desenvolvimento de ações que levem o cliente a comprar com maior margem determinados produtos/serviços.

» *Keep-sell*: ações de retenção que podem ser tomadas quando o DBM prevê a propensão de determinado(s) cliente(s) deixar(em) a empresa ou, ainda, quando há indicadores que revelam aumento da erosão da base.

» *Cross-sell*: ações que proporcionam a venda de certos produtos que ainda não foram comprados pelo consumidor.

» *Add-sell*: lançamento de extensões de linhas por meio dos atuais clientes.

» *New-sell*: utilização do banco de dados de clientes atuais a fim de proporcionar o desenvolvimento de novos negócios para a organização.

» *Friend-sell*: tem o intuito de fazer os clientes serem advogados da marca, por meio de indicações ou de outros mecanismos que os levem a recomendar a empresa para familiares, amigos e conhecidos.

As táticas de CRM estão diretamente ligadas à estratégia de marketing de relacionamento e ao tipo de vínculo que a empresa pretende ter com os clientes. Com tais decisões, certamente será possível focar na atividade de vendas que causa os maiores impactos, adequar o treinamento oferecido aos vendedores e otimizar todo o processo de vendas, bem como o pós-venda.

Tipos de atendimentos e relacionamentos

Como comentamos anteriormente, os relacionamentos, com o passar dos anos, tornaram-se um grande diferencial para os negócios. Anteriormente, o foco das organizações residia na transação, ou seja, apenas na venda, e não em um relacionamento duradouro capaz de gerar a lealdade dos clientes.

Nessa perspectiva, o marketing de relacionamento consiste na estratégia de longo prazo por meio da qual a empresa pode acompanhar a transformação do mercado e estar sempre próxima dos consumidores. Esse vínculo também se estende à experiência de consumo. Isso significa que é possível coletar informações preciosas para a relação entre organização e cliente.

No Quadro 5.2, observe como se deu a evolução do atendimento tradicional, perpassando pela excelência no atendimento ao cliente com base na premissa do *customer experience* (CX):

Quadro 5.2 – Evolução do atendimento tradicional

Situações	Atendimento tradicional	Excelência no atendimento	Relacionamento CX
Tratativa das solicitações dos clientes	Recebe solicitações	Atende solicitações	Resolve solicitações
Canais de relacionamento	Pulverizados	Organizados	*Omnichannel* integrado

(continua)

(Quadro 5.2 -conclusão)

Movimento do atendimento	Reativo	Nem reativo nem proativo	Proativo
Foco das interações	Reduzir filas de espera	Satisfação do cliente	Sucesso do cliente
Custo e negócios	Eliminar o atendimento humano	Reduzir custos desnecessários de atendimento	Rentabilizar os negócios da empresa
Recorrência ao segundo nível de atendimento	Regra	Constante	Exceção
Tecnologia de relacionamento	A prioridade é atender volumes	A prioridade é atender volumes	A prioridade é facilitar as interações
Pessoas na linha de frente		Dimensionadas e alocadas	Distribuídas por tipo de atendimento

Fonte: Madruga, 2018, p. 28.

Logo, o relacionamento passou a agregar as mais diversas áreas das organizações, o que somente se alcança mediante a implantação do CRM, como exposto na Figura 5.3:

Figura 5.3 – CRM e sua interface com todas as áreas organizacionais

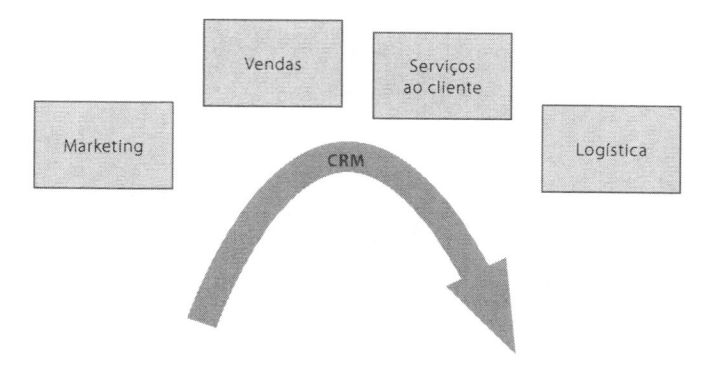

Fonte: Zenone, 2017, p. 70.

Portanto, além de prezar pelo relacionamento com os clientes externos, é preciso ter atenção com os clientes internos (os colaboradores da empresa), a fim de que estes compreendam e coloquem em prática as estratégias adotadas.

A esse respeito, apresentamos alguns tipos de relacionamento que exercem influência na empresa:

Relacionamento empresa-cliente: *não podemos esquecer que a principal atividade do marketing é estabelecer a relação de troca entre a empresa e o cliente (esse é o princípio básico do marketing). Portanto, o relacionamento entre o fornecedor (empresa) e o cliente é o mais importante para o marketing, pois se consolidará como o principal valor para o negócio.*

Relacionamento fornecedor-cliente-concorrente: *como na maioria dos mercados a empresa não está sozinha (monopólio), ou seja, não é a única fornecedora para determinada necessidade, esse relacionamento também deve ser levado em conta. Em diversos casos, o cliente não se relaciona com uma única empresa, mas também – direta ou indiretamente – com as demais que atuam no mercado. A competição é um ingrediente central em mercados competitivos e o cliente se beneficia da melhoria na oferta, portanto, "alimenta" essa competição, ampliando seu relacionamento com todos os competidores.*

Relacionamento empresa-canais de distribuição: *com exceção das empresas que atuam no sistema de vendas diretas (o que se torna um relacionamento à parte), os canais de distribuição contribuem com a estratégia da empresa, principalmente, por oferecerem a conveniência de compra para o cliente. É no canal de distribuição física (distribuidor, atacadista e varejista) que acontecem as principais interações com o cliente final (consumidor). Muitas organizações apenas se relacionam com o consumidor através de seus canais de distribuição e, portanto, consistem em uma rede de relacionamentos estratégica.*

Relacionamento interno (empresa-colaboradores): *a força de uma instituição está na forma com que as pessoas que pertencem a ela se relacionam entre si. O trabalho em equipe e as estratégias conjuntas é que possibilitarão a uma empresa atender ao mercado da forma mais adequada. Os relacionamentos internos bem administrados transferem para o mercado externo o valor agregado, que poderá se transformar em vantagem competitiva.*

Relacionamento com a sociedade: *os relacionamentos "não comerciais" com o setor público e com os cidadãos (público em geral) também devem ser considerados. Os cidadãos são formadores de opinião, e o Poder Público interfere através das políticas públicas nas atividades comerciais das empresas.*

Outros relacionamentos: *além dos relacionamentos apresentados, temos que considerar o relacionamento com o cliente do cliente; o relacionamento com clientes insatisfeitos; o relacionamento através de alianças entre empresas no mercado com o objetivo de inibir a competição e criar uma economia de mercado; o relacionamento com a mídia de massa como forma de influenciar a opinião pública entre outros.* (Zenone, 2017, p. 67, grifos do original)

Portanto, a organização precisa deve manter o pensamento em rede. Isso significa que a empresa não deve ter foco mercadológico apenas em vender, mas, sim, em entender seu lugar no mercado e na sociedade, considerando seus clientes, fornecedores, concorrentes, colaboradores etc. Essa lógica pode ser visualizada na Figura 5.4.

Figura 5.4 – Rede de relacionamentos

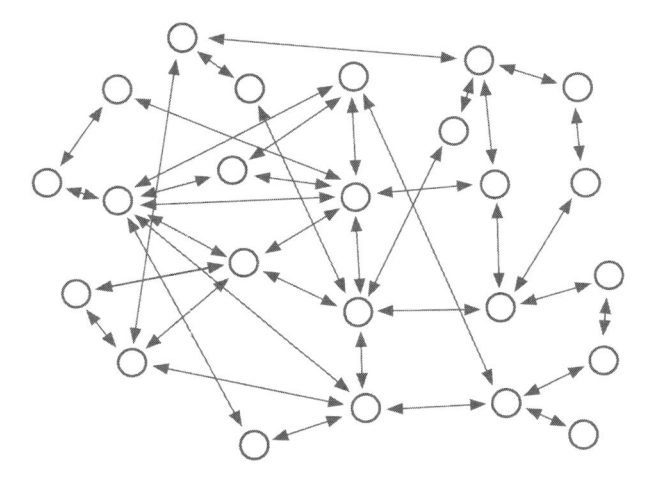

Fonte: Gummesson, 2010, p. 20.

E por que é importante conhecer os tipos de relacionamento e cruzá-los com os diferentes tipos de relação travados entre empresas e clientes (como B2B, B2C etc.)? A resposta é simples: para que se possa optar pela melhor solução de CRM que dará o suporte necessário à estratégia de marketing de relacionamento.

Arquitetura e implantação do CRM

Neste momento, esclareceremos como arquitetar e implantar um CRM. Você já sabe que o sucesso de uma boa estratégia de marketing de relacionamento por meio do CRM não está apenas na escolha de um bom *software*, mas sim na implantação da filosofia de bem atender aos clientes.

Sob essa ótica, antes de avançarmos para a abordagem da arquitetura do CRM, precisamos nos aprofundar nos tipos de relacionamentos. A esse respeito, observe o Quadro 5.3, que sintetiza esses tipos.

Quadro 5.3 – Tipos de relacionamento

Tipo de relacionamento	Descrição	Como acontece
Assistência pessoal	Vale-se da interação humana. O cliente pode se comunicar com um representante para obter auxílio durante o processo de venda ou pós-venda.	Isso pode acontecer no próprio PDV (ponto de venda) ou por *call-centers*, *e-mails* etc.
Assistênca pessoal dedicada	Esse tipo de relação envolve dedicar um representante específico para um cliente ou grupo de clientes de forma individual. Ela é mais profunda e íntima e normalmente exige um período de tempo maior para se desenvolver.	Alguns bancos públicos e privados disponibilizam gerentes dedicados e agências diferenciadas para os clientes que têm mais renda. Relações similares podem ser encontradas em outros negócios que disponibilizam gerentes de contas, gerentes de relacionamentos ou executivos de vendas para grupos de clientes com características similares. É a globalização com individualizaçãos

(continua)

Tipo de relacionamento	Descrição	Como acontece
Self-service	A empresa não mantém relacionamento direto com os clientes, mas fornece todos os meios necessários para que os clientes se sirvam dos produtos ou serviços.	Fornece todos os meios necessários para que os clientes se autoajudem.
Serviços automatizados	Este tipo de relação mistura uma forma mais sofisticada de *self-service*, como processos automatizados – por exemplo, perfis pessoais *on-line* que dão ao cliente acesso a serviços personalizados. Serviços automatizados podem reconhecer clientes e oferecer informações sobre produtos, serviços, pedidos e transações.	Os serviços automatizados podem simular uma relação pessoal (por exemplo, recomendações de livros ou de filmes).
Comunidades	Cada vez mais, as empresas utilizam comunidades de usuários para se envolverem com os clientes, de modo a prospectar e facilitar as conexões entre membros da comunidade. Muitas empresas mantêm comunidades *on-line* que permitem aos usuários trocar conhecimento e resolver problemas uns dos outros. As comunidades também podem ajudar as empresas a compreender melhor seus clientes.	A gigante farmacêutica GlaxoSmithKline lançou uma comunidade *on-line* particular quando apresentou o Alli, um novo produto para perda de peso que não requeria receita. A GlaxoSmithKline queria entender melhor os desafios encontrados por adultos acima do peso e, assim, aprender a lidar melhor com as expectativas de seus clientes.

(continua)

(Quadro 5.3 – conclusão)

Tipo de relacionamento	Descrição	Como acontece
Cocriação	Muitas empresas estão indo além da tradicional relação cliente-vendedor para cocriar valor com seus clientes. A Amazon convida os consumidores a escrever resenhas e opinar e, assim, criar valor para outros amantes de livros.	Algumas empresas permitem aos clientes colaborar em novos projetos. Outras, como o YouTube, solicitam aos clientes a criação de conteúdo para consumo público.

Fonte: Elaborado com base em Osterwalder; Pigneur, 2011.

Depois de a empresa decidir a estratégia para se relacionar com os consumidores, o passo seguinte é tomar conhecimento dos diferentes tipos de CRM, os quais, conforme Zenone (2017), são de três naturezas:

CRM analítico: *é a parte do CRM que possibilita determinar quais são os clientes, quais devem ser tratados de forma personalizada (marketing de relacionamento) e quais devem ser deslocados para níveis de prioridade inferior. O foco passa dos produtos e processos para o cliente e suas características. Ele é a fonte de toda a inteligência do processo, desde a identificação até a personalização das abordagens que a empresa fará. Entre as grandes tecnologias implementadas estão ferramentas que conseguem rapidamente, a partir de grandes volumes de dados (que podem ser extraídos de databases distintos), agrupá-los de forma muito simples aos olhos do usuário.*
CRM colaborativo: *engloba as ferramentas de contato, como e-mail, internet, telemarketing, lojas físicas, vendedores, ou seja, todos os pontos onde ocorre a interação entre a empresa e o cliente.*

CRM operacional*: é onde a maioria das empresas está focada. Consiste em sistemas, como automatização da força de vendas, atendimento em campo, centros de atendimento a clientes (call centers), sites de comércio eletrônico e sistemas de pedido automatizados. Essas soluções visam, basicamente, otimizar processos e organizar fluxos de atendimento e encaminhamento de ocorrências através da empresa, o que acaba refletindo na qualidade e na agilidade do atendimento.* (Zenone, 2017, p. 78, grifos do original).

Além desses três tipos, existe o CRM Social, que, de acordo com Alves et al. (2014, p. 239), consiste na "forma de interagir com o cliente, por meio das mídias sociais, e ainda de enriquecer os dados sobre ele, com base nas informações encontradas em seus perfis na rede social".

Portanto, depois de selecionar a solução em CRM mais adequada, a organização deve seguir estes passos: planejar sua implantação; capacitar a equipe responsável por implantá-lo; definir o *design* e a usabilidade da solução; elaborar a solução em si; habilitar todos os usuários; e desenvolver um plano que possibilite supervisionar essa implantação.

Segundo Zenone (2017), para elaborar a arquitetura e a implantação do CRM, faz-se necessário: envolver todas as áreas da organização, montar uma equipe competente, mapear os processos organizacionais, conhecer as opções tecnológicas disponíveis, criar um cronograma de implantação e, por fim, estar preparado para uma constante evolução.

Nesse sentido, Barreto (2007) apresenta um dos modelos mais eficazes para realizar esse projeto (Figura 5.5).

Figura 5.5 – Etapas do processo de CRM

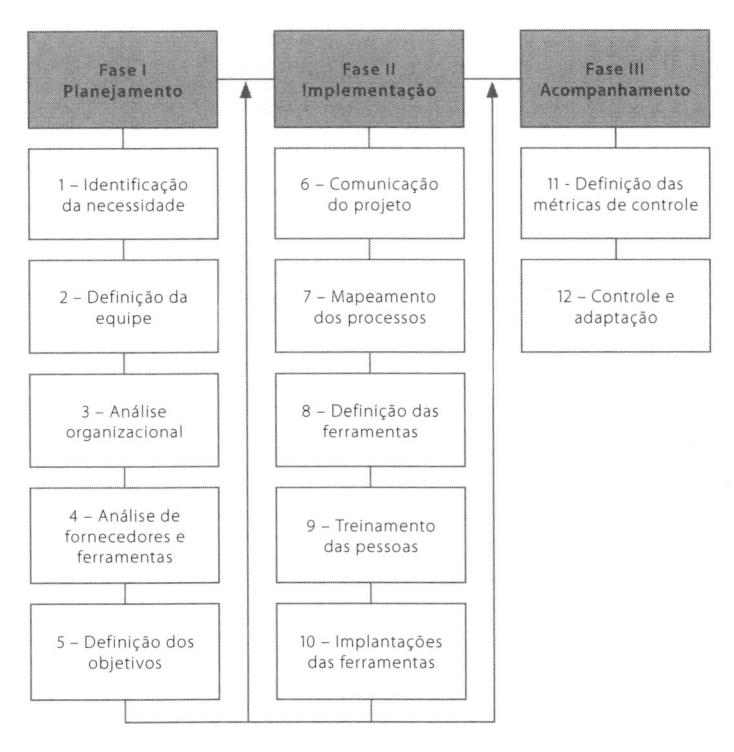

Fase I Planejamento	Fase II Implementação	Fase III Acompanhamento
1 – Identificação da necessidade	6 – Comunicação do projeto	11 - Definição das métricas de controle
2 – Definição da equipe	7 – Mapeamento dos processos	12 – Controle e adaptação
3 – Análise organizacional	8 – Definição das ferramentas	
4 – Análise de fornecedores e ferramentas	9 – Treinamento das pessoas	
5 – Definição dos objetivos	10 – Implantações das ferramentas	

Fonte: Barreto, 2007, p. 128.

Perceba que, de acordo com Barreto (2007), a primeira etapa é inteiramente dedicada ao planejamento, e que todo o processo se inicia na identificação da necessidade de construir uma estratégia de relacionamento com os clientes. Já a segunda etapa se refere à implantação efetiva da solução, ou seja, à execução de tudo o que foi planejado, considerando-se os ajustes que se fizerem necessários. Por fim, a terceira etapa diz respeito a acompanhar a implantação da solução, com o intuito de identificar as forças e as possíveis melhorias.

Para encerrar a abordagem deste capítulo, indicamos a seguir 15 passos para incrementar o *customer experience*, de acordo com Madruga (2018, p. 261, grifo do original):

1) Tenha um corpo fiel e feliz de colaboradores: os funcionários providenciam o contato entre os Clientes e a empresa, por isso, desenvolver colaboradores leais, alinhados e satisfeitos é essencial para o negócio.

2) Promova a transparência e [a] inclusão: consumidores tendem a valorizar e confiar mais em companhias com mente aberta, inclusivas e que sejam abertas quando o assunto são seus processos.

3) Seja consistente ao longo do contato: quando todas as áreas e equipes que interagem com o Cliente estão alinhadas e atualizadas, ele não precisa repetir constantemente dados e necessidades.

4) Treine para interação física: inicie os colaboradores nos princípios do Customer Experience, como o conceito de entregar, acima de transações, momentos memoráveis.

5) Forneça uma experiência personalizada: os dados que a empresa possui sobre o Cliente dizem muito sobre ele e como tratá-lo. Fornecer um atendimento único e direcionado atrai a fidelidade dos consumidores.

6) Exponha informações de forma automatizada: informativos, sites, FAQ e checklists para que os consumidores possam resolver dúvidas e ter mais conhecimento sobre os processos da empresa resultam em maior satisfação.

7) Valorize o suporte através de mídias sociais: ter contato com feedback e experiências dos consumidores através de mídias e redes sociais é uma importante atividade dos responsáveis pela comunicação na empresa.

8) Dê algo: identifique produtos que sejam de interesse do consumidor e ceda, de graça, para garantir a construção de fortes elos significativos e que tragam satisfação.

9) Rememore o Cliente: fornecer um atendimento presencial ou virtual que se adeque à frequência de visitações do Cliente ajuda a personalizar a experiência dele.

10) Analise as sensações do Cliente: medir e entender as emoções dos Clientes é muito importante. Porém, a melhor forma de fazer isso é em tempo real, compreendendo o perfil e a personalidade do Cliente durante o contato.

11) Trabalhe o feedback: é importante comunicar a todos os membros da companhia as opiniões dos Clientes e lacunas identificadas através de feedback. Porém, mais importante ainda é efetivamente trabalhar em soluções.

12) Veja pelos olhos do Cliente: configurar determinadas práticas na empresa através da maneira que os consumidores acreditam que elas deveriam ocorrer é uma ótima forma de garantir uma aproximação.

13) Identifique possíveis problemas: consertar defeitos antes que eles atinjam o Cliente ou ter soluções programadas para quando afetá-los trazem uma imagem de responsabilidade e confiança para a empresa.

14) Tenha uma equipe qualificada para Customer Experience: reunir pessoas capacitadas de diferentes áreas para moldar os programas de Customer Experience traz confiabilidade, satisfação e agilidade para essas ações.

15) **Construa a experiência**: é necessário planejar e construir constantemente programas de satisfação através da experiência para os consumidores. Essas ações só surgem com equipes voltadas para essa tarefa, jamais de forma inata.

Síntese

Neste capítulo, registramos que a tecnologia vem transformado a forma como as empresas se relacionam com seus clientes. O que antes eram apenas suposições sobre comportamentos, atualmente são números que revelam tendências de comportamento – por exemplo, a compra de um produto A em lugar do produto B.

Foi-se o tempo em que o foco das empresas era unicamente a venda. Agora, com o uso do *database* marketing e das medidas de desempenho, as organizações podem ser mais precisas ao planejar o estabelecimento de uma relação mais profícua com os clientes. Em outras palavras, passamos de uma relação transacional para uma relação mais próxima com os consumidores.

Nesse sentido, o marketing de relacionamento, antes mesmo de ser uma estratégia, constitui-se como uma filosofia: de atender às necessidades dos clientes, de estar próximo deles e de se fazer presente. Assim, com as informações certas, as empresas são capazes de transformar esse relacionamento em um caso de amor e de sucesso.

Por fim, para que uma estratégia de CRM seja bem-sucedida, sua arquitetura e implantação devem ser direcionadas às necessidades da empresa, ao perfil dos clientes e ao tipo de relacionamento que se deseja manter com eles.

Questões para revisão

1. Qual das alternativas a seguir diz respeito a indicadores importantes para que uma organização atinja seus objetivos?
   a. APP.
   b. CRM.
   c. DBM.
   d. ERP.
   e. KPI.

2. Qual das alternativas a seguir se refere a um indicador usado para verificar o nível de satisfação dos clientes por meio de uma pesquisa de satisfação?
   a. Servqual.
   b. *Customer equity*.
   c. *Net promoter score* (NPS).
   d. *Customer effort score* (CES).
   e. *Customer satisfaction score* (CSAT).

3. Qual das métricas a seguir se trata de um indicador de relacionamento que mostra o quão rentável é a base de clientes da empresa?
   a. Servqual.
   b. *Customer equity*.
   c. *Net promoter score* (NPS).
   d. *Customer effort score* (CES).
   e. *Customer satisfaction score* (CSAT).

4. O CRM é uma excelente ferramenta para estabelecer um relacionamento efetivo com os clientes. Assim, quando uma empresa o implanta, ela o faz por diversos objetivos, como reter clientes. Nesse sentido, descreva como ela pode alcançar esse objetivo.

5. Antes mesmo de implantar uma estratégia de CRM, a organização deve definir como ocorrerá esse relacionamento com os consumidores – por exemplo, se será um atendimento pessoal e dedicado. A esse respeito, explique qual é a lógica subjacente a tipo de relacionamento.

Questões para reflexão

1. Imagine que você é o gestor de marketing e o responsável por implantar o CRM em sua organização. Por onde você começaria?

2. Das etapas referentes ao processo de implantação do CRM, qual você acredita ser a mais complexa? O envolvimento das pessoas torna esse cenário mais ágil ou mais moroso?

capítulo 6
plano de marketing de relacionamento

Elizeu Barroso Alves

Conteúdos do capítulo

» Relacionamento e redes sociais.
» Inteligência artificial.
» Lei Geral de Proteção de Dados Pessoais.

Após o estudo deste capítulo, você será capaz de:

» compreender como ocorre a digitalização das relações;
» indicar uma estratégia de *omnichannel* com base em relacionamentos;
» aplicar a inteligência artificial à lógica dos relacionamentos.

Digitalização dos relacionamentos: as redes sociais

Atualmente, não restam dúvidas, o mundo é digital. Estamos a distância de um clique de qualquer pessoa, instituição e compra. Vivemos o que chamamos de era do conhecimento. Isto é, o impacto do ambiente digital transformou as relações de consumo: os consumidores estão cada vez mais conectados e, em muitas vezes, cocriam com a empresa.

Nessa ótica, as mídias sociais se tornaram importantes veículos de comunicação entre empresas/marcas e consumidores Por conta disso, muito se tem investido nas interações via redes sociais, conforme apresentado por Vilas (2015, grifo do original):

> As redes sociais são *feitas de relacionamentos*. Neste canal, o usuário fala de tudo um pouco com pessoas, de pessoas, com marcas, em

uma relação de um para muitos. Toda vez que uma pessoa digita algo em uma rede social, ela inicia uma conversa. Neste cenário de ampla conversação, as marcas devem se fazer as seguintes perguntas: como faço para ter um relacionamento sólido com os meus consumidores? Como crio novas relações? E como devo utilizar as relações [...] a meu favor? O melhor entendimento destas perguntas permite um bom resultado em ações de marketing de relacionamento.

Para exemplificar, podemos considerar o seguinte cenário: antes da popularização das redes sociais, para ter contato com uma empresa, era preciso enviar uma carta ou fazer uma ligação telefônica. Esse processo moroso não não era tão eficaz. Hoje, porém, com as redes sociais, a interação se dá em tempo real (ou no menor tempo possível) e ao esforço de um clique. Ou seja, elas proporcionaram mais dinamismo às estratégias do marketing de relacionamento.

Diante disso, a empresa deve planejar como será feita essa interação virtual, visto que, nas palavras de Madruga (2018, p. 46): "Não basta enviar comunicações personalizadas para os Clientes para torná-los engajados. O que importa é orquestrar o Modelo de Relacionamento com eles, que, entre outras vantagens, deve trazer ao macroprocesso a forma como a organização pretende lidar com seus diversos públicos".

A esse respeito, observe a Figura 6.1, a seguir, a qual ilustra o processo de interação entre empresa e cliente. Perceba que tudo nasce no planejamento e se encerra nas métricas.

Figura 6.1 – Processo de interação entre empresa e cliente

1. Identificar ↓	A primeira etapa para realizar a gestão do relacionamento é identificar que segmento de clientes será estimulado.
2. Descobrir ↓	No CRM, devem ser realizadas consultas para se descobrir os momentos certos para ações proativas de relacionamento.
3. Escolher ↓	Após a identificação dos clientes-alvo e a descoberta do melhor momento em seu ciclo de vida, a gerência poderá escolher melhor os atributos, valores e táticas.
4. Customizar ↓	Customizar significa tornar a tática bem próxima do público e de seu estágio de relacionamento com a empresa, procedendo na adaptação da mensagem.
5. Registrar ↓	Toda e qualquer definição, incluindo exemplos de peças de comunicação relacionais para o Cliente deve ser registrada no CRM.
6. Relacionar-se ↓	Significa que a comunicação pode ser direcionada ao público escolhido por meio dos diversos canais de relacionamento, sejam presenciais ou não.
7. Capturar ↓	As informações provenientes dos *feedbacks* dos clientes devem ser centralizadas, capturadas e distribuídas para as áreas responsáveis.
8. Medir	Tudo deve ser medido, por exemplo: prazo de resposta das áreas, satisfação, experiência, resultados das ações, verba empregada etc.

Fonte: Madruga, 2018, p. 47.

As interações e o *customer relationship management* (CRM) como ferramenta do marketing de relacionamento devem ser planejados. Para isso, a tecnologia pode ter uma contribuição efetiva ao ser aplicada às redes sociais, com o fito de melhorar a relação entre empresa e consumidor.

A esse respeito, Marques (2020) menciona que, com relação às estratégias envolvendo as redes sociais, alguns aspectos devem ser considerados, como: objetivos; público-alvo; plataformas;

conteúdos; recursos; e métricas, conforme pode ser visto na Figura 6.2, a seguir:

Figura 6.2 – Principais aspectos a se considerar para uma estratégia *social media*

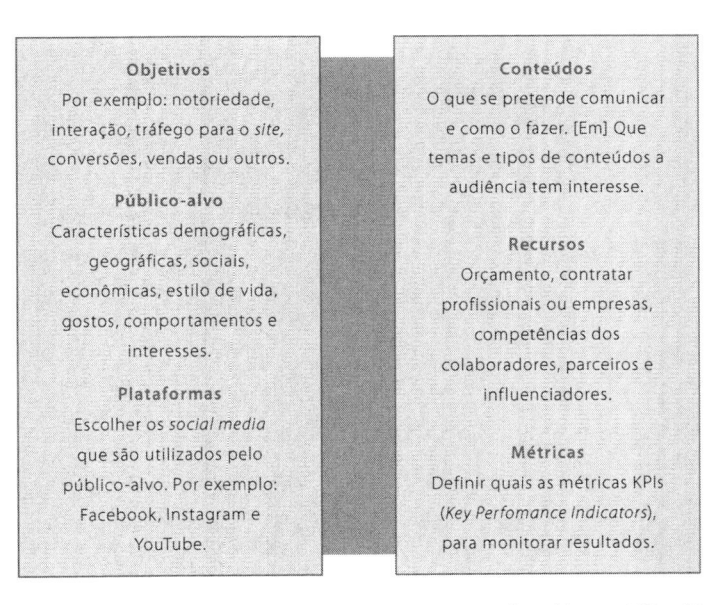

Objetivos	Conteúdos
Por exemplo: notoriedade, interação, tráfego para o *site*, conversões, vendas ou outros.	O que se pretende comunicar e como o fazer. [Em] Que temas e tipos de conteúdos a audiência tem interesse.
Público-alvo	
Características demográficas, geográficas, sociais, econômicas, estilo de vida, gostos, comportamentos e interesses.	**Recursos** Orçamento, contratar profissionais ou empresas, competências dos colaboradores, parceiros e influenciadores.
Plataformas	
Escolher os *social media* que são utilizados pelo público-alvo. Por exemplo: Facebook, Instagram e YouTube.	**Métricas** Definir quais as métricas KPIs (*Key Perfomance Indicators*), para monitorar resultados.

Fonte: Marques, 2020, p. 77.

Mencionamos anteriormente a existência do CRM social, que segundo Nassif (citado por Moura et al., 2014, p. 13) corresponde ao "gerenciamento do relacionamento com o cliente via Redes Sociais. O CRM Social pode ser encarado como um desdobramento natural do CRM tradicional e intensamente adotado por grandes, médias e pequenas empresas". Por meio dessa estratégia, pode-se ampliar o engajamento do cliente e aumentar a lealdade dele à marca.

Ainda considerando o marketing efetuado via redes sociais, Peixer (2017) fornece oito dicas para construir um bom relacionamento com os consumidores:

1. **Manter uma postura proativa**: os seguidores da marca, assim como todos nós, gostam de atenção. Por isso, é importante postar conteúdos interessantes e diversos, ainda que estes não se relacionem aos produtos comercializados pela empresa.
2. **Monitorar o que dizem os clientes**: essa dica se aplica tanto ao que os consumidores comentam acerca da empresa quanto sobre os concorrentes. Logo, promover esse monitoramento auxilia no desenvolvimento de campanhas ou ações mais eficientes.
3. **Ser "descolado" e falar sobre vários assuntos**: dialogar a respeito de temáticas variadas, preferencialmente estabelecendo vínculos com os produtos/serviços vendidos, aumenta a credibilidade da marca.
4. **Ter uma identidade própria**: não se deve imitar a forma como determinada empresa utiliza as redes sociais. Assim como cada pessoa tem um estilo próprio de se portar na internet, o mesmo ocorre com as organizações.
5. **Não fingir ser algo que não se é**: ser honesto com o público e exaltar os valores da empresa é extremamente relevante, mas com destaque para os pontos fortes. Os pontos fracos não precisam ser apresentados na internet, uma vez que devem ser vistos como oportunidades de melhoria.

6. **Aumentar os contatos profissionais:** pode ser muito vantajoso ter um bom relacionamento com os concorrentes e, até mesmo, desenvolver em parceria com eles ações para uma campanha.
7. **Não ser egoísta nos conteúdos:** é importante fazer um planejamento estratégico tanto para que a marca publique conteúdos referentes aos produtos que comercializa quanto para que compartilhe assuntos variados nas redes sociais. Para isso, há uma técnica que pode ser utilizada: 80% dos *posts* devem versar sobre conteúdos variados, e 20% devem se referir ao produto/serviço da empresa.
8. **Entender quem é o público e conversar melhor com ele:** não é recomendável postar nas redes sociais sem atentar ao tipo de discurso mais adequado ao público-alvo. Basta imaginar: Você daria credibilidade a um escritório de advocacia que em seus *posts* utiliza uma linguagem informal e repleta de gírias?

As dicas apresentadas reforçam a importância de manter um relacionamento genuíno e autêntico entre empresa e clientes. Assim, ao conhecer os consumidores, as organizações podem adequar a linguagem usada para dialogar com eles e, também, comercializar seus produtos/serviços de um modo mais direcionado. Nesse sentido, a tecnologia de inteligência artificial (IA) representa uma valiosa ferramenta para que esse vínculo seja bem-sucedido.

Inteligência artificial aplicada ao relacionamento

As tecnologias vêm modificando a gestão do relacionamento com os clientes. Tecnologias como Internet das Coisas, IA e *blockchain* estão modernizando essa gestão e oferecendo grandes diferenciais competitivos às organizações que as utilizam.

Aqui, focaremos as soluções propiciadas pela IA, que consiste em

> **uma área na Ciência da Computação** *responsável por* **simular a inteligência e o comportamento humano** *usando apenas máquinas. [...] o objetivo da Inteligência Artificial é de executar atividades humanas desde as mais simples até as mais complexas, como dirigir um carro [...].*
> *Ou seja,* **ela está mais no nosso dia a dia do que imaginamos!** *Quando estamos comprando em algum site e nos deparamos com produtos recomendados – o famoso "Você também pode gostar de..." – ou até mesmo quando vemos alguns e-mails na caixa de spam, são exemplos claros de que a IA está entre nós há um bom tempo.* (Take Blip Blog, 2021, grifo do original)

Essa ferramenta está possibilitando a transformação dos sistemas de CRM em sistemas inteligentes, mediante o uso de máquinas que podem ser "ensinadas" a ter as mesmas capacidades humanas.

Existem diferentes tipos de IA, dos quais destacamos quatro, a seguir:

1. **Sistemas que pensam como humanos**: "automatizam atividades como tomada de decisões, resolução de problemas e aprendizagem. Um exemplo é o das redes neurais artificiais" (Iberdrola, 2022).
2. **Sistemas que atuam como humanos**: "computadores que executam tarefas de um jeito semelhante ao das pessoas. É o caso dos robôs" (Iberdrola, 2022).
3. **Sistemas que pensam racionalmente**: "tentam simular o pensamento lógico racional dos humanos, isto é, pesquisam sobre como fazer com que máquinas sejam capazes de entender, raciocinar e agir. Os sistemas inteligentes estão englobados neste grupo" (Iberdrola, 2022).
4. **Sistemas que atuam racionalmente**: "idealmente, são aqueles que tentam imitar de forma racional o comportamento humano, como os agentes inteligentes" (Iberdrola, 2022).

Nas palavras de Cossetti (2018), a "Inteligência Artificial permite que os sistemas tomem decisões de forma independente, precisa e apoiada em dados digitais". Essa tecnologia vem propiciando uma nova experiência de gestão, pois "multiplica a capacidade racional do ser humano de resolver problemas práticos, simular situações, pensar em respostas ou, de forma mais ampla, potencializa a capacidade de ser inteligente" (Cossetti, 2018).

Para melhor adequar a solução de IA às estratégias de marketing de relacionamento, o sistema de IA deve entender o conceito de jornada do cliente e interagir com ele durante esse processo. A Figura 6.3 ilustra uma forma de realizar esse processo.

Figura 6.3 – Modelo de relacionamento baseado na jornada do cliente

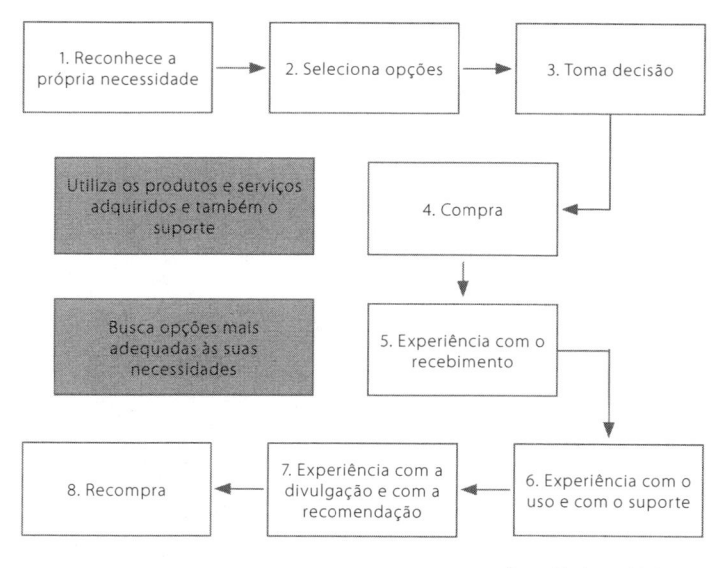

```
1. Reconhece a          2. Seleciona opções      3. Toma decisão
própria necessidade

Utiliza os produtos e serviços
adquiridos e também o           4. Compra
suporte

Busca opções mais
adequadas às suas         5. Experiência com o
necessidades              recebimento

                    7. Experiência com a
8. Recompra         divulgação e com a      6. Experiência com o
                    recomendação            uso e com o suporte
```

Fonte: Madruga, 2018, p. 30.

Ao compreender como se dá a jornada de compra, o sistema de IA deve "incluir todos os tipos de interações com os Clientes no que chamamos de micromomentos. Isso envolve projetar, gerenciar e cuidar das interações em todas as formas de contato: presencial, redes sociais, apps, chat, chatbot, e-mail, instant messaging, formulários web, telefone e totens" (Madruga, 2018, p. 30). Além disso, esse processo precisa ser levado a cabo "com o objetivo de elevar a experiência e a Jornada do Cliente a um patamar maior do que o anterior" (Madruga, 2018, p. 30).

Por exemplo, podemos ver a IA em ação nas recomendações personalizadas da Netflix, que indica determinados títulos de acordo com o que o usuário costuma assistir – mesma estratégia utilizada em anúncios veiculados nas redes sociais, como Facebook e Instagram. Há, também, os *marketplaces* e grandes *e-commerces*, nos quais o usuário encontra diversas informações sobre produtos com base em seu histórico pessoal de compra ou busca.

Lei Geral de Proteção de Dados Pessoais (LGPD) e ética ao trabalhar com informações pessoais

Todas as ações empresariais devem ser promovidas em conformidade com as premissas legais. Isto é, a empresa deve estritamente seguir o que a lei determina.

A base dos relacionamentos reside nas informações que a organização coleta de seus clientes para, com isso, melhor entendê-los e atendê-los. Nessa ótica, já comentamos algumas premissas que devem nortear o uso desses dados. No entanto, essas recomendações foram ampliadas com a promulgação da Lei n. 13.709, de 14 de agosto de 2018, a Lei Geral de Proteção de Dados Pessoais (LGPD), a qual

> *dispõe sobre o tratamento de dados pessoais, inclusive nos meios digitais, por pessoa natural ou por pessoa jurídica de direito público ou privado, com o objetivo de proteger os direitos fundamentais de liberdade e de privacidade e o livre desenvolvimento da personalidade da pessoa natural.* (Brasil, 2018)

Sobre a LGPD, Lima et al. (2021, p. 15) argumentam que ela tem gerado algum desconforto. Inspirada na **General Data**

Protection Regulation (GDPR), a lei europeia de proteção de dados, a LGPD

> *tem como objetivo proteger dados pessoais de pessoas naturais, ou seja, pessoas físicas. Este é o primeiro ponto: a LGPD não tem como escopo os dados das empresas (pessoas jurídicas), mas sim os dados que as empresas têm das pessoas físicas, sejam elas funcionárias, terceiras, clientes, acionistas etc. – ou seja, todo mundo.* (Lima et al., 2021, p. 15)

Assim, tal normativa legal aponta diversas regras para a captação, o tratamento e o uso das informações dos clientes. Portanto, desde sua promulgação, as organizações passaram a se adequar a essa nova realidade, principalmente com o desenvolvimento de políticas, procedimentos e processos operacionais.

O art. 7º da LGPD aponta que um dos aspectos a ser considerado no tratamento de dados pessoais diz respeito ao consentimento do titular (Brasil, 2018). Para isso, a empresa deve conhecer os tipos qualificáveis das informações pessoais.

A esse respeito, essa lei apresenta quatro tipos de dados, como segue:

Dados Pessoais

A partir da Lei n.º 13.709/2018 a proteção de dados passou a ser um compromisso dos cidadãos, do governo e das empresas que utilizam esses dados.

O dado pessoal é aquele que possibilita a identificação, direta ou indireta, da pessoa viva.

São exemplos de dados pessoais:

- o nome e apelido;
- o endereço de uma residência;
- um endereço de correio eletrônico como **nome.apelido@empresa.com**;
- o número de um cartão de identificação;
- dados de localização, como por exemplo, a função de dados de localização no celular;
- um endereço IP (protocolo de internet);
- testemunhos de conexão (cookies);
- o identificador de publicidade do seu telefone;
- os dados detidos por um hospital ou médico, que permitam identificar uma pessoa de forma inequívoca.

Dados Sensíveis

Dentre os dados pessoais, há aqueles que estão sujeitos a condições de tratamento específicos, ou seja, que exigem maior atenção: sobre crianças e adolescentes; e os "sensíveis", que são os que revelam origem racial ou étnica, convicções religiosas ou filosóficas, opiniões políticas, filiação sindical, questões genéticas, biométricas e sobre a saúde ou a vida sexual de uma pessoa.

Quando o dado for de menores de idade, é imprescindível obter o consentimento inequívoco de um dos pais ou responsáveis e se ater a pedir apenas o conteúdo estritamente necessário e não repassar nada a terceiros. Sem o consentimento, só podem ser coletados dados para urgências relacionadas a entrar em contato com pais ou responsáveis e/ou para proteção da criança e do adolescente.

Sobre os dados sensíveis, o tratamento depende do consentimento explícito da pessoa e para um fim definido. E, sem consentimento do titular, a Lei Geral de Proteção de Dados Pessoais define que isso é *possível quando for indispensável em situações ligadas: a uma obrigação legal; a políticas públicas; a estudos via órgão de pesquisa; a um direito, em contrato ou processo; à preservação da vida e da integridade física de uma pessoa; à tutela de procedimentos feitos por profissionais das áreas da saúde ou sanitária; à prevenção de fraudes contra o titular.*

Dados Públicos

A lei dispõe:

Art. 7º O tratamento de dados pessoais somente poderá ser realizado nas seguintes hipóteses:

I–mediante o fornecimento de consentimento pelo titular;

(...)

§ 4º É dispensada a exigência do consentimento previsto no caput deste artigo para os dados tornados manifestamente públicos pelo titular, resguardados os direitos do titular e os princípios previstos nesta lei.

Assim, a lei cria uma possibilidade de o dado pessoal se tornar público mediante consentimento do titular.

A boa-fé e o interesse público devem estar presentes na disponibilização do dado, e estar coadunado com o princípio constitucional da publicidade.

Dados Anonimizados

A anonimização é uma técnica de processamento de dados que remove ou modifica informações que possam identificar a pessoa, hipótese em que a LGPD não se aplicará ao dado. (TRF, 2020, grifos do original)

Portanto, a organização deve se adaptar à nova realidade proposta pela LGPD – por exemplo, ter a autorização do cliente para utilizar suas informações. Logo, caso a empresa não cumpra com os requisitos dispostos na lei, ficará à mercê das implicações legais previstas. Além disso, é fundamental coletar somente os dados essenciais para o relacionamento com os consumidores.

Na Figura 6.4, apresentamos um resumo das principais atribuições da LGPD.

Figura 6.4 – A LGPD em um giro

Fiscal centralizado Fica a cargo da Autoridade Nacional de Proteção de dados Pessoais (ANPD)	**Uma regra para todos** Cria um cenário de segurança jurídica válido para todo o país
Mais para o cidadão O consentimento é a base para que dados passam ser tratados	**Responsabilidade** Define os agentes de tratamento de dados e suas funções
Definição do conceito Estabelece, de maneira clara, o que são dados pessoais	**Gestão de riscos e falhas** Quem gera base de dados pessoais tem que fazer a gestão
As exceções Sem consentimento, só se for indispensável para cumprir critérios legais	**Transparência** Se ocorrer vazamento de dados, ANPD e indivíduos afetados devem ser avisados
Abrangência extraterritorial Não importa se a organização ou o centro de dados estão dentro do Brasil	**Penalidades rígidas** Falhas de segurança podem gerar multas pesadas
Transferência internacional Permite o compartilhamento com outros países que também projetam dados	**Finalidade e necessidade** São requisitos do tratamento que devem ser previamente informados ao cidadão

Fonte: Elaborado com base em Amem Comunicação, 2022.

Diante do exposto, é "necessário e urgente [...] que as empresas comecem a adotar métodos mais claros para se relacionar com as pessoas, ou seja, elas deverão ficar mais atentas às especificidades da LGPD" (Terra, 2020). É apenas dessa forma que a organização pode manter um relacionamento com os clientes com base na transparência e na confiança:

> Devido às grandes mudanças impostas pela lei, o profissional de Marketing deverá atuar de forma mais estratégica, lidando com essa situação como um momento reflexivo e evolutivo em suas práticas, gerando valor para o cliente de forma mais transparente e fornecendo as ferramentas para que sua empresa se posicione a partir do advento da LGPD como uma nova forma de atuação no mercado. (Terra, 2020)

Logo, levando em conta as estratégias do marketing de relacionamento, as empresas precisam atualizar suas políticas de privacidade e seus termos de uso.

A estratégia *omnichannel* do marketing de relacionamento

Antigamente, não havia muitos canais de comunicação entre organizações e consumidores; como mencionamos, as cartas eram o principal meio de as empresas e os clientes manterem contato, principalmente em relação a ações promocionais.

Entretanto, atualmente, já existem diversos canais que possibilitam a interação entre esses atores. Aliás, são os clientes que optam pela forma mais conveniente de contatarem as organizações. É nessa perspectiva que se inclui o conceito de *omnichannel*, que pode ser considerado uma estratégia de relacionamento com o cliente, uma vez que pressupõe a diversificação e **integração dos canais de atendimento ao cliente** visando melhorar a experiência dele nos contatos com a marca. Assim, uma estratégia que preze pela **jornada do cliente** deve englobar tanto as estratégias de marketing de relacionamento como também o omnichannel, de forma que essas soluções sejam complementares para a maior **satisfação do consumidor**. (Olos, 2022, grifo do original)

Isto é, as organizações integram todos os seus canais sob a visão *omnichannel*, a fim de promover "experiências emocionais positivas nos Clientes quando aumentam a resolutividade" (Madruga, 2018, p. 7). Essa conceituação está ilustrada na Figura 6.5.

Figura 6.5 – Visão *omnichannel* de integração dos canais

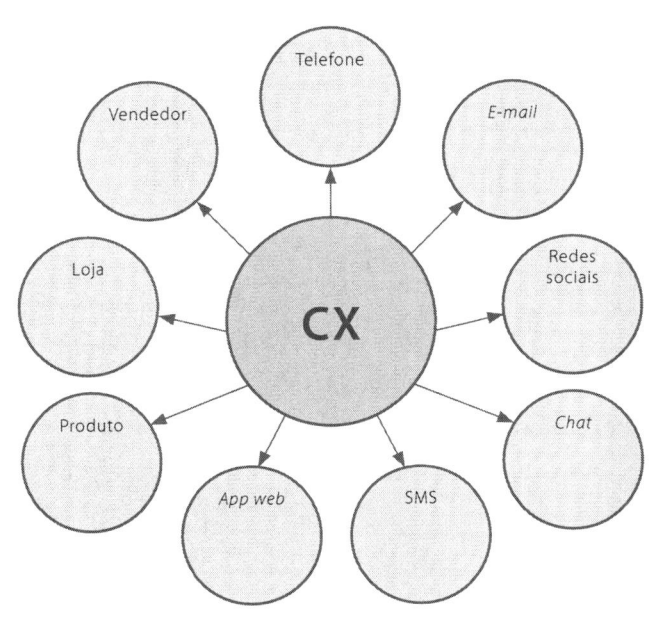

Fonte: Madruga, 2018, p. 7.

O intuito é que o cliente tenha condições de resolver suas necessidades da forma mais conveniente para ele. Portanto, a estratégia *omnichannel* pode contribuir para aumentar a satisfação do consumidor, melhorar o engajamento e reduzir de perdas de clientes – o que chamamos de *churn* (Madruga, 2018).

Ainda, Madruga (2018) apresenta algumas competências que devem ser desenvolvidas nas equipes que tratam diretamente com os clientes, a fim de preparar os colaboradores para atender às demandas apresentadas:

» **gestão integrada** de todas as formas de atendimento presencial, remoto e automático;
» **atuação em tempo real** para controle e aumento do *first call resolution* (FCR) e da taxa de resolutividade;
» **atuação para que a jornada do cliente** seja contínua, eliminando "espaços em branco" nas chamadas e mensagens, reduzindo transferências e interrupções;
» **projeto em conjunto** com as áreas de negócios e gerenciamento de réguas de relacionamento ativas;
» **gerenciamento constante da oferta de experiência** de qualidade e de agilidade para o cliente por meio do controle e da integração do autoatendimento.

Vale assinalar que não se deve confundir as estratégias de *omnichannel* e de marketing multicanal. No primeiro caso, o cliente se localiza no centro dos esforços de relacionamento para posterior venda. No segundo, o foco reside nas possiblidades de canais por meio dos quais a empresa pode interagir com os consumidores. É o que nos apresenta Paredes (2021):

As abordagens multicanais e omnichannel diferem em que o marketing omnichannel realmente coloca o cliente no centro para garantir uma experiência completamente consistente e unificada em cada ponto de contato, em vez de simplesmente habilitar esse ponto de contato.

Você também pode pensar dessa forma: multicanal significa muitos, *omnichannel* significa todos (o cliente está literalmente no centro).

Figura 6.6 – Diferença entre multicanais e *omnichannel*

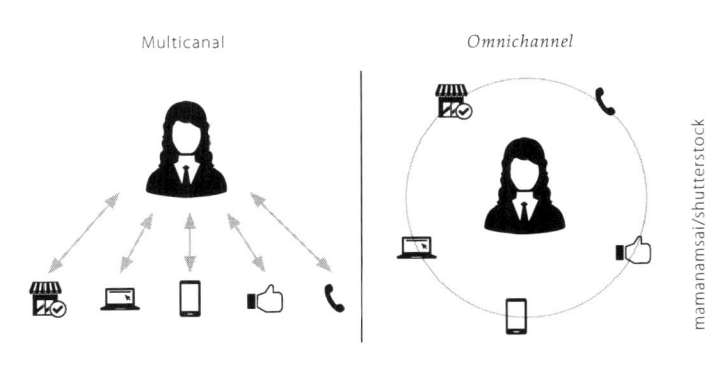

Ainda conforme Paredes (2021), ao adotar os preceitos de *omnichannel* no marketing de relacionamento, a empresa tem o benefício de aumentar a fidelidade do cliente, melhorar o *recall* da marca e incrementar sua receita.

Concepção do plano de marketing de relacionamento

Antes de abordarmos o plano de marketing, precisamos explicar em que consiste o plano macro de marketing: subsidiar todas as estratégias mercadológicas da organização, como relacionamento, plano de mídia, plano de produto etc.

Gomes (2005, p. 10) esclarece que o plano de marketing se trata de uma "ferramenta de gestão que deve ser regularmente utilizada e atualizada, pois permite analisar o mercado, adaptando-se as suas constantes mudanças e identificando tendências. Por meio dele você pode definir resultados a serem alcançados e formular ações para atingir competitividade".

Ainda, de acordo com Kotler e Keller (2006, p. 59), esse planejamento consiste em "um documento escrito que resume o que o profissional de marketing sabe sobre o mercado e que indica como a empresa planeja alcançar seus objetivos". Em suma, é instrumento no qual são transcritas todas as análises oriundas das abordagens micro e macroambiental, bem como os resultados que a empresa deseja obter mediante as estratégias selecionados.

O plano de marketing se divide em três etapas conforme expresso na Figura 6.7.

Figura 6.7 – Plano de marketing

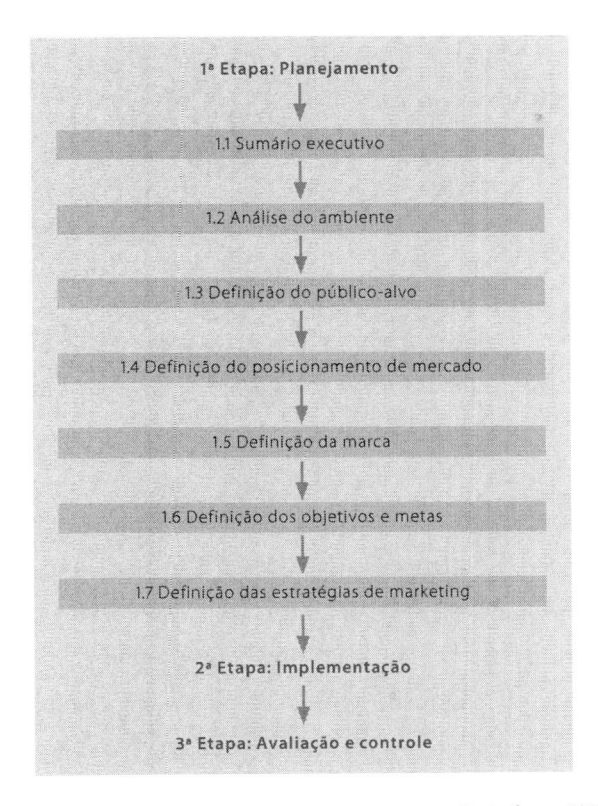

```
1ª Etapa: Planejamento
        ↓
1.1 Sumário executivo
        ↓
1.2 Análise do ambiente
        ↓
1.3 Definição do público-alvo
        ↓
1.4 Definição do posicionamento de mercado
        ↓
1.5 Definição da marca
        ↓
1.6 Definição dos objetivos e metas
        ↓
1.7 Definição das estratégias de marketing
        ↓
2ª Etapa: Implementação
        ↓
3ª Etapa: Avaliação e controle
```

Fonte: Gomes, 2005, p. 12.

» **Primeira etapa**: sucede o planejamento da empresa; baseia-se na análise ambiental (micro e macroambiental), na definição do público-alvo, no posicionamento de mercado, nas propriedades e definições de marca, nas fixações dos objetivos e metas e, por fim, nas estratégias de marketing.

» **Segunda etapa**: é a implementação do plano.

» **Terceira etapa:** deve-se definir como proceder às avaliações do plano de marketing e de que forma controlá-lo.

Na sequência, considerando as conceituações de Gomes (2005) e Kotler e Keller (2006), detalhamos em que consiste cada uma das subetapas e etapas:

» **Sumário executivo:** é o resumo do plano de marketing, no qual devem constar as principais características do negócio, incluindo: situação presente, objetivos e estratégias a alcançar, definições do projeto e esforços necessários. Esse resumo permite que a alta administração compreenda o direcionamento geral do plano.

» **Análise de ambiente:** consiste na análise de todos os fatores internos e externos que influenciam as empresas. Alguns exemplos de fatores são: econômicos; socioculturais; políticos/legais; tecnológicos; de concorrência; de disponibilidade e alocação de recursos humanos; de idade; de capacidade de produção e de tecnologia disponíveis; de disponibilidade de recursos financeiros.

» **Definição do público-alvo:** refere-se à identificação de um segmento particular ou de segmentos da população a que a empresa deseja atender, considerando aspectos geográficos, demográficos, psicográficos e comportamentais.

» **Definição do posicionamento de mercado:** diz respeito à definição da imagem que a empresa deseja transmitir aos clientes e ao mercado. Essa imagem deve ser clara, distinta e bem-estabelecida em relação aos concorrentes, a fim de assegurar sobre eles uma larga vantagem.

» **Definição da marca**: a marca representa a identidade da organização. Logo, deve traduzir a imagem que se deseja passar ao mercado – no caso, o posicionamento da empresa.

» **Definição de objetivos e metas**: os objetivos e as metas se relacionam aos resultados que a empresa espera alcançar e se vinculam à missão dela, com o objetivo de orientar suas ações. Os objetivos são declarações amplas e simples do que deve ser realizado pela estratégia de marketing, ao passo que as metas são específicas e essenciais para o plano. Por exemplo: objetivo: ser referência em centro de saúde e lazer para idosos na região X; meta: até o final do ano corrente, conquistar 25% de clientes idosos na região.

» **Definição das estratégias de marketing**: as estratégias são meios para a organização atingir seus objetivos e suas metas e gerenciar seus relacionamentos com o mercado de modo a obter vantagens sobre a concorrência. Assim, a definição delas é fundamental para combinar adequadamente os elementos que compõem o composto de marketing (produto, preço, praça e promoção).

» **Implementação**: corresponde à execução das estratégias de marketing que assegurarão a realização dos objetivos. Para implementar a estratégia de marketing, é necessário traçar um plano de ação composto dos seguintes itens: ações (o quê); período (quando); como; responsável (quem); custo estimado (quanto).

» **Avaliação e controle**: permitem reduzir a diferença entre o desempenho esperado e o desempenho real, garantindo sua eficácia. Por isso, devem ser realizados antes, durante e após a implementação do plano, seguindo esta lógica:

> Antes: treinamento e seleção de funcionários; gastos em instalações e equipamentos necessários; alocação de recursos humanos e financeiros.

> Durante: avaliação e remuneração dos funcionários; boa comunicação interna; comprometimento da equipe.

> Depois: padrões de desempenho baseados nos objetivos de marketing: vendas, lucros ou custos; número de reclamações de clientes; pesquisas antes, durante e depois de ações específicas.

O plano de marketing de relacionamento segue a mesma premissa do plano de marketing geral, especialmente no que respeita às etapas de planejamento, mas também envolvendo a implantação, a avaliação e o controle do plano. No entanto, a organização deve sempre considerar a necessidade de ajustá-lo a sua cultura, identificando os clientes mais importantes e as métricas para mensurar o sucesso do marketing de relacionamento.

As estratégias que podem ser incluídas no plano de marketing de relacionamento são diversas e devem se adequar à realidade da empresa. Nesse sentido, exemplos como tornar clientes defensores da marca, sistemas de pontuação, bonificação por engajamento e *help desk* podem ser excelentes, se forem praticadas de forma adequada.

Por sua vez, as métricas precisam constar no plano, pois por meio delas torna-se possível supervisionar essas ações. Entre as métricas utilizadas, citamos: número de vendas realizadas; taxa de retenção de clientes; *net promoter score* (NPS); retorno sobre o investimento etc.

Portanto, esse plano deve objetivar a fidelização do público-alvo, além da customização do atendimento e da atualização da base de clientes. Contudo, para que sejam alcançados a contento esses objetivos, é necessário conhecer os clientes, dar-lhes atenção e ouvi-los atentamente, além de respondê-los prontamente e permanecer à disposição quando eles precisam e, sempre que possível, surpreendê-los positivamente.

Síntese

O plano de marketing de relacionamento é o documento em que a empresa deve descrever toda a estratégia mercadológica de relacionamento com sua base de clientes. Nesse cenário, há diversos fatores que influenciam os relacionamentos, como a digitalização e o uso da inteligência artificial (IA), temáticas que abordamos neste capítulo.

Além disso, reforçamos a necessidade de a organização se manter atualizada sobre os avanços tecnológicos e as questões legais, a exemplo da Lei Geral de Proteção de Dados Pessoais (LGPD).

Questões para revisão

1. Sobre a interação entre empresa e cliente, qual das alternativas a seguir se refere à fase em que, após a identificação dos clientes-alvo e a verificação do melhor momento em seu ciclo de vida, a gerência pode selecionar os atributos, os valores e as táticas?
   a. Identificação.
   b. Descoberta.
   c. Escolha.
   d. Customização.
   e. Registro.

2. Quando uma empresa decide adotar uma estratégia de marketing de relacionamento, ela deve considerar diversos aspectos, entre eles o que comunicar e como fazer isso. Qual das alternativas a seguir corresponde a essa afirmação?
   a. Métricas.
   b. Objetivos.
   c. Conteúdos.
   d. Plataformas.
   e. Público-alvo.

3. A introdução da tecnologia de inteligência artificial (IA) nos sistemas de CRM os tornou sistemas inteligentes, principalmente em virtude da possibilidade de usar máquinas e sistemas que têm a capacidade de "aprender" – por exemplo,

as que automatizam atividades como tomada de decisões, resolução de problemas e aprendizagem. Um exemplo de aplicação de IA em CRM é o das redes neurais artificiais. Qual das alternativas a seguir diz respeito a esse tipo de IA?

a. Sistemas que atuam racionalmente.
b. Sistemas que atuam como humanos.
c. Sistemas que pensam racionalmente.
d. Sistemas que pensam como humanos.
e. Sistemas que transcrevem racionalmente.

4. A Lei Geral de Proteção de Dados Pessoais (LGPD) modificou a forma como as empresas tratam as informações dos clientes para se relacionar com eles. Ela especificou os tipos de dados. Descreva o que são os dados sensíveis.

5. Os atuais consumidores demandam cada vez mais que as organizações disponibilizem canais virtuais para que possam comprar pela internet e retirarem pessoalmente o produto adquirido. Diz-se que esse consumidor é um cliente *omnichannel*. A esse respeito, responda: Por que o *omnichannel* pode ser considerado uma estratégia de relacionamento com os clientes?

Questões para reflexão

1. A LGPD implementou diversas regras para a captação, o tratamento e o uso dos dados dos clientes. Em sua opinião, qual é o impacto dessa nova realidade?

2. O plano de marketing de relacionamento segue a premissa do plano de marketing, principalmente em suas etapas. Com base no que você estudou a respeito dessas etapas, quais delas você acredita serem cruciais para o sucesso do plano de marketing de relacionamento?

considerações finais

Nesta obra, abordamos conteúdos vinculados ao marketing de relacionamento, com a intenção de levá-lo a compreender a importância dessa estratégia para as empresas. Acreditamos que é interessante retomar os principais assuntos trabalhados neste material.

No Capítulo 1, comentamos sobre o escopo do marketing de relacionamento. Assim, apresentamos os 4 Ps que compõem o composto de marketing e fornecemos exemplos de estratégias precisas que envolvem o desenvolvimento de um produto/serviço, a precificação, os pontos de distribuição e as estratégias de promoção, a fim de entregar valor ao público-alvo. Nesse sentido, também reforçamos a diferença entre o marketing transacional e o marketing de relacionamento.

No Capítulo 2, enfocamos a importância do cliente, considerando as relações que ele trava com as organizações, seja no mercado *business-to-consumer* (B2C) ou no *business-to-business* (B2B). Ressaltamos que a busca pela excelência no atendimento gera satisfação e, consequentemente, fideliza os consumidores. Além disso, versamos sobre o *customer lifetime value* (CLV), bem como sobre a utilização de tecnologias que possibilitam conhecer melhor o público-alvo, com o objetivo de implementar estratégias mais acuradas.

Já no Capítulo 3, explicamos a importância de determinar o mercado-alvo e discorremos sobre as temáticas que perfazem a base para compreender o marketing de relacionamento, tais como a diferenciação e o posicionamento. Também tratamos sobre o processo de comunicação entre empresa e cliente, destacando as funções das organizações orientadas para o mercado e a gestão da cadeia de suprimentos.

Por sua vez, no Capítulo 4, apresentamos as funções dos 4 Cs do marketing de relacionamento e salientamos a relevância de captar, fidelizar e reter clientes. Ainda, mencionamos a existência de programas de fidelização e esclarecemos em que consiste o modelo Servqual.

No Capítulo 5, explicamos que o uso da tecnologia tem sido vital para promover um melhor atendimento aos consumidores mediante o uso de *softwares* de *customer relationship management* (CRM) e da adoção de uma filosofia de bem atender. Com essas estratégias, as empresas podem obter mais destaque no mercado.

Por fim, no Capítulo 6, demonstramos que as redes sociais são instrumentos valiosos para otimizar o relacionamento entre organização e consumidores. Assim, a tecnologia aplicada a esses meios de comunicação possibilitam que as empresas conheçam melhor seus clientes e, com efeito, possam atendê-los de modo customizado, em conformidade com os preceitos éticos e legais.

Esperamos que sua leitura tendo sido agradável e que, de fato, você tenha compreendido por que chamamos aqui o marketing de relacionamento de *marketing do amor.*

estudo de caso – uma experiên- cia disney

Achiles Ferreira Batista Junior

O tema desta obra é marketing de relacionamento, e nada melhor que falar de proatividade para exemplificar em que ele consiste. A experiência que apresentarei neste "Estudo de caso" diz respeito a alguns momentos que vi e vivi em uma viagem dos meus sonhos, que foi a realização de um desejo de criança e que pude realizar já adulto. Trata-se de um relato sobre uma viagem que fiz em 2010 ao reino encantado da Disney.

Àquela época, o dólar variava entre R$ 1,60 e R$ 1,70, e eu estava em férias fora de temporada, ou seja, os preços praticados eram normais e abaixo de mercado. Tinha o visto necessário para entrar legalmente nos Estados Unidos e passaporte em dia, além de dinheiro separado para visitar os parques, fazer compras, fazer as refeições etc. Planejei essa viagem ao longo de três anos. O cenário era perfeito para minhas férias, mas não sabia que passaria por incríveis experiências de marketing – mais especificamente, de marketing de relacionamento.

Já na chegada ao reino encantado, o que chamou minha atenção foi a recepção das pessoas que fazem parte do time Disney: sempre com muita prestatividade e um enorme sorriso no rosto. Os parques da Disney são muito organizados e alinhados às necessidades dos convidados, como são designadas as pessoas que os frequentam. Afinal, quando recebemos alguém em nossa casa, dedicamo-nos a bem atendê-lo, para que se sinta em casa.

Também reparei em como os funcionários ou colaboradores da Disney são chamados: *cast members*, ou seja, membros de elenco. São artistas, funcionários da recepção ou de orientação, atendentes de lanchonetes, todos são parte da experiência do cliente e compõem essa vivência mágica.

Enfim, diversos detalhes revelaram a preocupação da empresa com o bom atendimento; ressalto aqui um deles. Em determinado dia, observei três crianças acompanhadas de seus pais, as quais compraram três sobremesas, as famosas *funnel cakes*, ícone dos doces vendidos nos parques da Disney. Na ocasião, se não me engano, o valor dessa sobremesa era 8 dólares no Disney Magic Kingdom.

Uma das crianças, ao pegar o tal doce, acabou derrubando-o. Em poucos segundos, ela foi abordada por um *cast member*, que em uma postura pró-ativa imediatamente forneceu um novo *voucher* para que a criança pudesse adquirir gratuitamente um novo doce.

Isso revela a importância que a Disney dá aos clientes: sempre atendê-los da melhor maneira possível. Essa ação imediata, que é padrão no treinamento dos colaboradores da empresa, fez a diferença para a família da criança, que certamente se lembrará disso por toda a vida.

Certamente isso deve acontecer inúmeras vezes por dia com os mais variados tipos de consumidores. Há ali uma infinidade de mídia espontânea gerada para a empresa. O custo de reposição do sorvete é mínimo, ínfimo, em comparação com a sensação criada nos clientes. É esse padrão de satisfação que todos nós, como profissionais de marketing, precisamos buscar oferecer aos clientes.

referências

ALVES, E. B. et al. *Marketing de relacionamento*: como construir e manter relacionamentos lucrativos. Curitiba: InterSaberes, 2014.

AMARAL, S. A. do. Gestão da informação e do conhecimento nas organizações e a orientação de marketing. *Informação & Informação*, Londrina, v. 13, n. esp., p. 52-70, 2008. Disponível em: <https://brapci.inf.br/index.php/res/download/46377>. Acesso em: 30 ago. 2022.

AMEM COMUNICAÇÃO. *Agência de marketing e a LGPD – Lei Geral de Proteção de Dados*. Disponível em: <https://amemcomunicacao.com.br/agencia-de-marketing-e-a-lgpd-lei-geral-de-protecao-de-dados/>. Acesso em: 31 ago. 2022.

ANDRADE, A. P. O cliente não quer só razão: ele quer conveniência, bom atendimento e se sentir único. *E-Commerce Brasil*, 4 jul. 2017. Disponível em: <https://www.ecommercebrasil.com.br/artigos/cliente-conveniencia-bom-atendimento/>. Acesso em: 23 ago. 2022.

BARCELOS, H. Cashback: saiba como usar e implantar no seu negócio. *Contabilizei.blog*, 3 jan. 2022. Disponível em: <https://www.contabilizei.com.br/contabilidade-online/cashback>. Acesso em: 31 ago. 2022.

BARNES, B. Disney vai reabrir, mas os visitantes não poderão abraçar o Mickey. *Folha de S.Paulo*, 1º jun. 2020. Disponível em: <https://www1.folha.uol.com.br/turismo/2020/06/a-disney-esta-reabrindo-mas-os-visitantes-nao-vao-poder-abracar-o-mickey.shtml>. Acesso em: 30 ago. 2022.

BARRETO, M. I. F. *Um modelo para planejar, implantar e acompanhar a estratégia de CRM (Customer Relationship Management)*. 175 f. Tese (Doutorado em Engenharia de Produção) – Universidade de São Paulo, São Paulo, 2007. Disponível em: <https://www.teses.usp.br/teses/disponiveis/18/18140/tde-07042008-104031/publico/MariaIsabelFrancoBarreto.pdf>. Acesso em: 31 ago. 2022.

BERNARDES, T. O funil de vendas: entenda as etapas e como utilizá-las. *Moskit*, 24 set. 2020. Disponível em: <https://www.moskitcrm.com/blog/trabalhando-com-o-funil-de-vendas>. Acesso em: 23 ago. 2022.

BRASIL. Lei n. 13.709, de 14 de agosto de 2018. *Diário Oficial da União*, Brasília, DF, Poder Executivo, 15 ago. 2018. Disponível em: <http://www.planalto.gov.br/ccivil_03/_ato2015-2018/2018/lei/l13709.htm>. Acesso em: 31 ago. 2022.

CAMÕES, L. V. de. *Amor é fogo que arde sem se ver*. Disponível em: <http://users.isr.ist.utl.pt/~cfb/VdS/v301.txt>. Acesso em: 23 jun. 2022.

CANALTECH. *Walt Disney Company*. Disponível em: <https://canaltech.com.br/empresa/walt-disney/>. Acesso em: 30 ago. 2022.

CASTRO, I. N. de. O que é benchmarking e qual a sua importância para o marketing digital. *Rock Content*, 18 jun. 2020. Disponível em: <https://rockcontent.com/br/blog/benchmarking/>. Acesso em: 30 ago. 2022.

CASTRO, I. N. de. O que é marketing de relacionamento e por que ele é importante para sua empresa. *Rock Content*, 20 mar. 2019. Disponível em: <https://rockcontent.com/br/blog/marketing-de-relacionamento/>. Acesso em: 30 ago. 2022.

CAVALLINI, M. Empresas monitoram comportamento nas redes sociais para contratar ou demitir; veja cuidados. *G1*, 30 jun. 2018. Disponível em: <https://g1.globo.com/economia/concursos-e-emprego/noticia/empresas-monitoram-comportamento-nas-redes-sociais-para-contratar-ou-demitir-veja-cuidados.ghtml>. Acesso em: 30 ago. 2022.

CHIAVENATO, I. *Gestão de vendas*: uma abordagem introdutória. 4. ed. Rio de Janeiro: Atlas, 2022.

CHRISTOPHER, M. *Logística e gerenciamento da cadeia de suprimentos*: criando redes que agregam valor. São Paulo: Thomson Learning, 2007.

CHURCHILL, G.; PETER, P. *Marketing*: criando valor para os clientes. São Paulo: Saraiva, 2009.

CHURCHILL, G.; PETER, P. *Marketing*: criando valor para os clientes. 3. ed. São Paulo: Saraiva, 2012.

COBRA, M.; BREZZO, R. *O novo marketing*. Rio de Janeiro: Elsevier, 2010.

CONCEITO.DE. *Pictograma*. Disponível em: <https://conceito.de/pictograma>. Acesso em: 30 ago. 2022.

CONCEITOS. *Conceito de fidelizar*. Disponível em: <https://conceitos.com/fidelizar/>. Acesso em: 30 ago. 2022.

CORDEIRO, I. *Círculo virtuoso*. 3 mar. 2017. Disponível em: <https://www.dicionarioinformal.com.br/significado/c%C3%ADrculo%20virtuoso/32438>. Acesso em: 30 ago. 2022.

COSSETTI, M. C. *O que é inteligência artificial?* 2018. Disponível em: <https://tecnoblog.net/263808/o-que-e-inteligencia-artificial/>. Acesso em: 31 ago. 2022.

COUGHLAN, A. T. et al. *Canais de marketing*. São Paulo: Pearson Education do Brasil, 2011.

DEMO, G. B2C market: development of a CRM scale. In: Ghorbani, A. (Ed.). *Marketing in the Cyber Era*. Hershey, PA: IGI Global, 2014. p. 85-95.

DIAS, S. R. *Gestão de marketing*. São Paulo: Saraiva, 2003.

DIAS, S. R. *Gestão de marketing*. 2. ed. São Paulo: Saraiva, 2011.

FERREIRA, E. *O modelo Aida*: o que significa Aida? Disponível em: <https://viverdemarketingdigital.com/o-modelo-aida>. Acesso em: 30 ago. 2022.

FERREIRA JUNIOR, A. B. *"As pessoas esquecerão o que você disse, as pessoas esquecerão o que você fez. Mas elas nunca esquecerão como você as fez sentir." Maya Angelou*. Curitiba, 21 jun. 2021a. Disponível em: <https://twitter.com/achilesjunior/status/1407023835371782144>. Acesso em: 28 jun. 2022.

FERREIRA JUNIOR, A. B. *"As pessoas não sabem o que querem, até mostrarmos a elas"*. Curitiba, 13 set. 2021b. Disponível em: <https://twitter.com/achilesjunior/status/1437400466040803334>. Acesso em: 28 jun. 2022.

FERREIRA JUNIOR, A. B. *"Colaboradores felizes fazem clientes felizes, e isso é reflexo do que se vê nos parques da @DisneyParks"*. Curitiba, 24 nov. 2021c. Disponível em: <https://twitter.com/achilesjunior/status/1463557687233454080>. Acesso em: 28 jun. 2022.

FERREIRA JUNIOR, A. B. *"Comunicar não é o que fala, e sim o que o outro (receptor) entende"*. Curitiba, 1 set. 2021d. Disponível em: <https://twitter.com/achilesjunior/status/1433073180042743808>. Acesso em: 28 jun. 2022.

FERREIRA JUNIOR, A. B. *"Eu vejo marketing em tudo e você"*. Curitiba, 22 set. 2021e. Disponível em: <https://twitter.com/achilesjunior/status/1440753869781278729>. Acesso em: 28 jun. 2022.

FERREIRA JUNIOR, A. B. *"O melhor professor é seu último erro"*. Curitiba, 18 set. 2021f. Disponível em: <https://twitter.com/achilesjunior/status/1321931445271699456>. Acesso em: 28 jun. 2022.

FERREIRA JUNIOR, A. B. *"Quando pensar em desistir, lembre-se de tudo que passou para chegar até aqui"*. Curitiba, 29 out. 2020a. Disponível em: <https://twitter.com/achilesjunior/status/1321931445271699456>. Acesso em: 28 jun. 2022.

FERREIRA JUNIOR, A. B. *"Sobre a concorrência: como é possível odiar alguém/algo que ama o mesmo que você e possui propósito de vida semelhante?"*. Curitiba, 23 set. 2021g. Disponível em: <https://twitter.com/achilesjunior/status/1441126298382856195>. Acesso em: 28 jun. 2022.

FERREIRA JUNIOR, A. B. *"Sua marca é o que as pessoas dizem sobre você quando você não está na sala"*. Curitiba, 9 set. 2020b. Disponível em: <https://twitter.com/achilesjunior/status/1303717215859019776>. Acesso em: 28 jun. 2022.

FERREIRA JUNIOR, A. B. *Tente levar uma vida que não decepcione a criança que você foi um dia*. J.S. Curitiba, 8 ago. 2020c. Disponível em: <https://twitter.com/achilesjunior/status/1292046107149766656>. Acesso em: 28 jun. 2022.

FONSECA, L. Estratégia omnichannel: uma nova experiência de consumo. *Rock Content*, 22 jul. 2017. Disponível em: <https://rockcontent.com/br/blog/omnichannel/>. Acesso em: 31 ago. 2022.

GABRIEL, L. Entenda o que é KPI e descubra como ele pode ajudar a medir os seus resultados de marketing. *Rock Content*, 14 set. 2018a. Disponível em: <https://rockcontent.com/br/blog/kpi/>. Acesso em: 31 ago. 2022.

GABRIEL, L. O que é brand equity e como utilizá-lo no marketing digital. *Rock Content*, 14 fev. 2018b. Disponível em: <https://rockcontent.com/br/blog/brand-equity/>. Acesso em: 31 ago. 2022.

GASKI, J. F.; ETZEL, M. J. The Index of Consumer Sentiment Toward Marketing. *Journal of Marketing*, v. 50, n. 3, p. 71-81, July 1986.

GOMES, G. *Indicadores de relacionamento com o cliente*: 5 métricas que você não pode deixar de acompanhar. Disponível em: <https://www.agendor.com.br/blog/indicadores-de-relacionamento-com-o-cliente>. Acesso em: 31 ago. 2022.

GOMES, I. M. *Manual como elaborar um plano de marketing*. Belo Horizonte: Sebrae/MG, 2005. Disponível em: <https://bibliotecas.sebrae.com.br/chronus/ARQUIVOS_CHRONUS/bds/bds.nsf/1947E3304928A275032571FE00630FB1/$File/NT00032296.pdf>. Acesso em: 31 ago. 2022.

GONÇALVES, W. de S.; BRUNO, D. M.; BORGES, F. H. Aplicação do método SERVQUAL: um estudo de satisfação do cliente em um estacionamento de veículos leves. In: ENCONTRO NACIONAL DE ENGENHARIA DE PRODUÇÃO, 37., 2017, Joinville. *Anais...* Joinville: Centro de Convenções e Exposições Expoville, 2017. Disponível em: <https://abepro.org.br/biblioteca/tn_sto_239_389_34706.pdf>. Acesso em: 31 ago. 2022.

GORDON, I. *Marketing de relacionamento*: estratégias, técnicas e tecnologias para conquistar clientes e mantê-los para sempre. São Paulo: Futura, 1999.

GUMMESSON, E. *Marketing de relacionamento total*. 3. ed. Porto Alegre: Bookman, 2010.

GUSMÃO, A. O que é prospect e como transformá-lo em um lead qualificado? *Rock Content*, 10 jul. 2018. Disponível em: <https://rockcontent.com/br/blog/o-que-e-prospect/>. Acesso em: 30 ago. 2022.

GUSMÃO, A. O que é user experience? Entenda tudo sobre UX, suas diretrizes e como aplicá-lo no seu site. *Rock Content*, 25 mar. 2020. Disponível em: <https://rockcontent.com/br/blog/user-experience/>. Acesso em: 30 ago. 2022.

IBERDROLA. *Estamos cientes dos desafios e das principais aplicações da inteligência artificial?* Disponível em: <https://www.iberdrola.com/inovacao/o-que-e-inteligencia-artificial>. Acesso em: 31 ago. 2022.

IGREJA, C.; SILVA, T.; SOUSA, B. Compreendendo a qualidade do serviço em contextos específicos do enoturismo: um estudo exploratório. *European Journal of Applied Business Management*, Special Issue, p. 42-54, 2020. Disponível em: <https://www.researchgate.net/publication/338956223_Compreendendo_a_qualidade_do_servico_em_contextos_especificos_do_enoturismo_um_estudo_exploratorio>. Acesso em: 24 ago. 2022.

KOHLI, A. K.; JAWORSKI, B. J. Market Orientation: the Construct, Research Propositions and Managerial Implications. *Journal of Marketing*, v. 54, n. 2, p. 1-18, Apr. 1990.

KOTLER, P. *Marketing para o século XXI*: como criar, conquistar e dominar mercados. 12. ed. São Paulo: Futura, 2002.

KOTLER, P. *Marketing para o século XXI*: como criar, conquistar e dominar mercados. Rio de Janeiro: Alta Books, 2021.

KOTLER, P. *O marketing sem segredos*. Porto Alegre: Bookman, 2005.

KOTLER, P.; KARTAJAYA, H.; SETIAWAN, I. *Marketing 4.0*: do tradicional ao digital. Rio de Janeiro: Sextante. 2017.

KOTLER, P.; KELLER, K. L. *Administração de marketing*: análise, planejamento e controle. 12. ed. São Paulo: Pearson Prentice Hall, 2006.

KOTLER, P.; KELLER, K. L. *Administração de marketing*: análise, planejamento e controle. 15. ed. São Paulo: Pearson Prentice Hall, 2019.

LAS CASAS, A. L. *Administração de marketing*: conceitos, planejamentos e aplicações à realidade brasileira. São Paulo: Atlas, 2010.

LAUTERBORN, B. *New Marketing Litany*: Four Ps Pass; C-Words Take Over. Chicago: Advertising Age, 1990

LEVITT, T. Após a venda ter sido realizada. In: SHAPIRO, B. P.; SVIOKLA, J. J. *Mantendo clientes*. São Paulo: Makron Books, 1994. p. 41-55.

LIMA, A. P. M. C. et al. *LGPD aplicada*. São Paulo: Atlas, 2021.

LUSCH, R. F.; VARGO, S. L. The Service-Dominant Logic of Marketing: Reactions, Reflections, and Refinements. *Marketing Theory*, v. 6, n. 3, p. 281-288, 2006.

MADRUGA, R. *Gestão do relacionamento e customer experience*: a revolução na experiência do cliente. São Paulo: Atlas, 2018.

MARINHO, J. O que é LGPD e como se adequar: guia completo sobre Lei Geral de Proteção de Dados. *Escola de E-commerce*, 22 jun. 2021. Disponível em: <https://www.escoladeecommerce.com/artigos/o-que-lgpd-como-se-adequar-guia-completo>. Acesso em: 31 ago. 2022.

MARQUES, V. *Redes sociais 360*. Lisboa: Almedina, 2020.

MENEZES, P. *Ética*. Disponível em: <https://www.significados.com.br/etica/>. Acesso em: 31 ago. 2022.

MERGO. *Escala likert*: o que é e como aplicá-la na sua pesquisa. 17 set. 2021. Disponível em: <https://uxdesign.blog.br/escala-likert-o-que-%C3%A9-e-como-aplic%C3%A1-la-na-sua-pesquisa-1b8d3af7c57e>. Acesso em: 23 ago. 2022.

MOURA, A. C. et al. Marketing de relacionamento via redes sociais: uma análise de sua aplicação. *Revista Eletrônica de Administração*, v. 13, n. 1, ed. 24, p. 4-29, 2014. Disponível em: <https://periodicos.unifacef.com.br/index.php/rea/article/download/710/592>. Acesso em: 31 ago. 2022.

NARVER, J. C.; SLATER, S. F. The Effect of a Market Orientation on Business Profitability. *Journal of Marketing*, v. 54, n. 4, p. 20-35, Oct. 1990.

NORONHA, J. Clientologia? 10 dicas fenomenais da Disney para encantar seus clientes. *Administradores*, 6 nov. 2013. Disponível em: <https://administradores.com.br/artigos/clientologia-10-dicas-fenomenais-da-disney-para-encantar-seus-clientes>. Acesso em: 31 ago. 2022.

OLOS. *Marketing de relacionamento e omnichannel*: conceitos ajudam a fidelizar clientes. Disponível em: <https://www.olos.com.br/relacionamento-com-o-cliente/marketing-de-relacionamento-e-omnichannel-conceitos-ajudam-a-fidelizar-clientes/>. Acesso em: 31 ago. 2022.

ORACLE. *O que é big data?* Disponível em: <https://www.oracle.com/br/big-data/what-is-big-data/>. Acesso em: 31 ago. 2022.

OSTERWALDER, A.; PIGNEUR, Y. *Business Model Generation*: inovação em modelos de negócios – um manual para visionários e revolucionários. Rio de Janeiro: Alta Books, 2011.

PAREDES, A. *O que é omnichannel e como ele vai ajudar sua estratégia de marketing?* 6 jul. 2021. Disponível em: <https://www.iebschool.com/pt-br/blog/marketing/marketing-digital/o-que-e-omnichannel-e-como-ele-vai-ajudar-sua-estrategia-de-marketing/>. Acesso em: 31 ago. 2022.

PATEL, N. *Fidelização de clientes*: entenda o que é e como aplicar em 9 passos. Disponível em: <https://neilpatel.com/br/blog/fidelizacao-de-clientes>. Acesso em: 30 ago. 2022a.

PATEL, N. *KPI*: o que é e para que servem os indicadores de desempenho. Disponível em: <https://neilpatel.com/br/blog/tudo-sobre-kpi/>. Acesso em: 30 ago. 2022b.

PATRUS. *Entenda de uma vez por todas o que é supply chain*. 15 ago. 2017. Disponível em: <https://patrus.com.br/blog/entenda-de-uma-vez-por-todas-o-que-e-supply-chain/>. Acesso em: 31 ago. 2022.

PAULILLO, G. *O que é CRM? Conheça os tipos de CRM e suas vantagens*. Disponível em: <https://www.agendor.com.br/blog/o-que-e-crm/>. Acesso em: 31 ago. 2022.

PEÇANHA, V. O que é marketing digital? Tudo sobre o conceito, como fazer e começar sua estratégia de marketing online em 2022. *Rock Content*, 25 nov. 2020. Disponível em: <https://rockcontent.com/br/blog/marketing-digital/>. Acesso em: 31 ago. 2022.

PEIXER, J. *8 dicas para construir um bom relacionamento nas redes sociais*. 24 out. 2017. Disponível em: <https://medium.com/sinapse/8-dicas-para-construir-um-bom-relacionamento-nas-redes-sociais-e89ed931b3be>. Acesso em: 31 ago. 2022.

PRESTUS. *O que é o telemarketing?* Disponível em: <https://cutt.ly/PEzL2OO>. Acesso em: 20 jun. 2022.

RAMOS, D. *Servqual*: um método para avaliar a qualidade do serviço. 28 mar. 2017. Disponível em: <https://blogdaqualidade.com.br/servqual-um-metodo-para-avaliar-a-qualidade-do-servico/>. Acesso em: 31 ago. 2022.

ROBERTS, K. *Lovemarks*: o futuro além das marcas. São Paulo: Books do Brasil, 2004.

ROCHA, M. *Marketing B2B*. São Paulo: Saraiva, 2016.

ROCK CONTENT. *Entenda o conceito de wow moment e saiba como encarar o seu cliente logo no onboarding*. 22 ago. 2019a. Disponível em: <https://rockcontent.com/br/blog/wow-moment/>. Acesso em: 20 jun. 2022.

ROCK CONTENT. *Marketing de defensores*: como conquistar pessoas que defendem a sua marca. 13 jan. 2021. Disponível em: <https://rockcontent.com/br/blog/marketing-de-defensores/>. Acesso em: 30 ago. 2022.

ROCK CONTENT. *O que é database marketing e como implantar o DBM em sua empresa*. 29 maio 2019b. Disponível em: <https://rockcontent.com/br/blog/database-marketing/>. Acesso em: 30 ago. 2022.

ROCK CONTENT. *Saiba como funciona um algoritmo e conheça os principais exemplos existentes no mercado*. 7 fev. 2019c. Disponível em: <https://rockcontent.com/br/blog/algoritmo/>. Acesso em: 31 ago. 2022.

ROLON, V. E. K. *Composto mercadológico*: conceitos, ideias e tendências. Curitiba: InterSaberes, 2018.

ROLON, V. E. K. et al. *Marketing de relacionamento*: como construir e manter relacionamentos lucrativos. Curitiba: InterSaberes, 2014.

SAMPAIO, T. O que é UX e para que serve. *Exent*, 30 jul. 2017. Disponível em: <https://www.exent.com.br/o-que-e-ux-e-para-que-serve/>. Acesso em: 30 ago, 2022.

SIGNIFICADOS. *O que é uma logomarca (ou logo)*. Disponível em: <https://www.significados.com.br/logo marca/>. Acesso em: 30 ago. 2022a.

SIGNIFICADOS. *Significado de market share*. Disponível em: <https://www.significados.com.br/market-share/>. Acesso em: 30 ago. 2022b.

SIGNIFICADOS. *Significado de posicionamento*. Disponível em: <https://www.significados.com.br/posiciona mento/>. Acesso em: 30 ago. 2022c.

SILVA, D. da. O que é retenção de clientes: conceito, importância e 8 dicas de como reter mais clientes. *Blog da Zendesk*, 9 jul. 2020. Disponível em: <https://www.zendesk.com.br/blog/o-que-e-retencao-clientes>. Acesso em: 20 jun. 2022.

SILVA, F. G.; ZAMBON, S. *Gestão do relacionamento com o cliente*. São Paulo: Cengage Learning, 2015.

SIQUEIRA, A. O que é rede social. *Resultados digitais*, 3 mar. 2021. Disponível em: <https://resultadosdigi tais.com.br/tudo-sobre-redes-sociais/>. Acesso em: 20 jun. 2022.

SOARES, G. Diferença entre produto e serviço: você sabe? Entenda aqui. *Contabilizei. com*, 30 dez. 2021. Disponível em: <https://www.contabi lizei.com.br/contabilidade-online/dife renca-entre-produto-e-servico/>. Acesso em: 30 ago. 2022.

SOUB DIGITAL. *O que é e-commerce e para que serve?* Disponível em: <https://soub.digital/e-commerce/>. Acesso em: 31 ago. 2022.

SULZ, P. O que é branding: aprenda como fazer uma gestão de marca incrível. *Rock Content*, 22 ago. 2019. Disponível em: <https://rockcontent.com/br/blog/branding/>. Acesso em: 30 ago. 2022.

TAKE BLIP BLOG. *Inteligência artificial*: o que é, conceito e métodos de IA. 17 ago. 2021. Disponível em: <https://www.take.net/blog/tecnologia/inteligencia-artificial/>. Acesso em: 31 ago. 2022.

TERRA, C. D. *O que muda no marketing com a LGPD?* 10 set. 2020. Disponível em: <https://www.mundo domarketing.com.br/lgpd/38844/o-que-muda-no-marketing-com-a-lgpd.html>. Acesso em: 31 ago. 2022.

THOMSEN, R. B. *7 poderosos programas de fidelização de clientes para e-commerce*. 24 maio 2022. Disponível em: <https://www.drip.com/pt/blog/programas-fidelizacao-clientes>. Acesso em: 31 ago. 2022.

TRF – Tribunal Regional Federal da 3ª região. *Dados*. 2 dez. 2020. Disponível em: <https://www.trf3.jus.br/lei-geral-de-protecao-de-dados-pessoais-lgpd/dados>. Acesso em: 31 ago. 2022.

TROCCOLI, I. R. et al. Comportamento do consumidor: um estudo bibliométrico nos Enanpads 2007-09. *Revista Organizações em Contexto*, v. 7, n. 14, p. 165-189, 2011. Disponível em: <https://www.metodista.br/revistas/revistas-metodista/index.php/OC/article/view/2779/pdf_51>. Acesso em: 30 ago. 2022.

TURCATO, A. *CRM*: o que é CRM e como ele ajuda sua empresa a vender mais. PipeRun. Disponível em: <https://crmpiperun.com/blog/o-que-e-crm>. Acesso em: 30 ago. 2022.

VAIPE. *Feedback*: entenda o que significa, qual a importância e exemplos. 25 jun. 2019. Disponível em: <https://vaipe.com.br/blog/feedback/>. Acesso em: 30 ago. 2022.

VILAS, B. *Marketing de relacionamento nas redes sociais*. 13 jul. 2015. Disponível em: <https://www.digai.com.br/2015/07/marketing-de-relacionamento-nas-redes-sociais/>. Acesso em: 31 ago. 2022.

VOLPATO, B. *Ranking*: as redes sociais mais usadas no Brasil e no mundo em 2022, com insights e materiais. 23 maio 2022. Disponível em: <https://resultadosdigitais.com.br/marketing/redes-sociais-mais-usadas-no-brasil/>. Acesso em: 30 ago. 2022.

ZEITHAML, V. A.; BITNER, M. J.; GREMLER, D. D. *Marketing de serviços*: a empresa com foco no cliente. 6. ed. Porto Alegre: AMGH Editora Ltda., 2014.

ZENONE, L. C. *Fundamentos de marketing de relacionamento*: fidelização de clientes e pós-venda. 2. ed. São Paulo: Atlas, 2017.

respostas

Capítulo 1
Questões para revisão
1. b
2. d
3. a
4. Para o marketing de relacionamento, os conceitos de confiança e comprometimento desempenham um papel importante, pois são os passos anteriores à conquista da lealdade dos clientes.
5. O marketing de relacionamento tem a função de entregar um valor que gere satisfação e encantamento em seus clientes. O marketing, envolve processos que ocorrem de modo sistematizado, com o objetivo de fornecer resultados condizentes com os recursos utilizados. Basicamente, o processo de marketing remete ao entendimento do mercado (compradores e vendedores) e ao desenvolvimento de caminhos para atingir as metas da organização, tais como ampliar o lucro ou conquistar mais consumidores.

Capítulo 2
Questões para revisão
1. a
2. d
3. Reconhecimento da necessidade, busca de

informação, avaliação das alternativas, decisão de compra e avaliação pós-compra.
4. d
5. (i) o mercado B2C é maior no que se refere ao volume de vendas; (ii) quanto ao processo de tomada de decisão, o mercado B2C é considerado mais emocional, ao contrário do B2B, que é mais racional; (iii) o mercado B2C é menos especializado que o mercado B2B.

Capítulo 3
Questões para revisão
1. a
2. a
3. a
4. A postura das organizações deve ser de atenção total ao mercado, levando em conta a busca pela satisfação e a fidelização de clientes, além do posicionamento estratégico perante a concorrência. É um meio de detectar com a máxima precisão a insatisfação dos consumidores e a percepção negativa da marca – o que é fundamental para o sucesso ou fracasso da empresa.
5. Garantir que o processo de fabricação seja ininterrupto, considerando tanto fatores humanos (colaboradores) quanto assuntos referentes aos insumos e maquinários envolvidos no processo.

Capítulo 4
Questões para revisão
1. a
2. b
3. b
4. Trata da experiência do usuário, conforme amplamente mencionado na esfera do marketing e na área corporativa como um todo, além de se referir ao meio

por meio do qual os usuários interagem com o produto ou serviço de uma empresa, assim como com seus canais durante sua jornada de decisão de compra.
5. Telemarketing.

Capítulo 5
Questões para revisão
1. e
2. e
3. b
4. A empresa pode implantar o CRM mediante programas de fidelização e melhorando o serviço ao cliente.
5. Esse tipo de relação envolve dedicar um representante específico para um cliente ou grupo de clientes de forma individual. Ela é mais profunda e íntima e normalmente exige um período de tempo maior para se desenvolver.

Capítulo 6
Questões para revisão
1. c
2. c
3. c
4. Os dados sensíveis representam um avanço dos dados pessoais, pois revelam informações como origem racial ou étnica, convicções religiosas ou filosóficas, opiniões políticas, filiação sindical, questões genéticas, biométricas e, até mesmo, dados relacionados à saúde ou à vida sexual de uma pessoa.
5. O *omnichannel* pode ser considerado uma estratégia de relacionamento com o cliente porque pressupõe a diversificação e a integração dos canais de atendimento, com vistas a melhorar a experiência consumidora nos contatos com a marca.

sobre os autores

Prof. Dr. Achiles Batista Ferreira Junior
É doutor em Tecnologia e Sociedade pela Universidade Tecnológica Federal do Paraná (UTFPR) e mestre em Gestão de Negócios pela Universidade Federal de Santa Catarina (UFSC). É bacharel em Tecnologia da Informática pela Universidade Tuiuti do Paraná (UTP) e em Administração de Empresas pelo Centro Educacional Uninter.

Concluiu 11 cursos na modalidade *lato sensu* (especialização):

» MBA em Administração de Marketing (Fesp);
» MBA em Administração e Gestão de Varejo (Uninter);
» MBA em Administração Pública e Gerência de Cidades (Uninter);
» Especialização em Metodologia do Ensino Superior (Fesp);
» Especialização em Educação Tecnológica e Novas Mídias (Uninter);
» Especialização em Formação de Docentes e Tutoria EAD (IBPEX);

» Especialização em Pedagogia Empresarial e Comunicação Corporativa (IBPEX);
» Especialização em Gestão Comercial e Marketing Digital (Uninter);
» Especialização em Ciência e Filosofia (Instituto Acácia);
» Especialização em Gestão Empresarial (Pólis Civitas);
» Especialização em Neuromarketing e Neurociência do Consumidor (Uninter);

Publicou dez livros nas áreas de marketing, gestão, planejamento e tecnologia:

» *As ferramentas da informática para Secretariado Executivo* (2002);
» *Uso e aplicação da informática para a gestão empresarial* (2003);
» *Desenvolvimento e lançamento de produtos* (2004);
» *Marketing político e eleitoral: uma analogia entre o mundo corporativo e a política* (2010);
» *Itrend's, análise e tendências de mercado* (2014);
» *Supervarejo: uma abordagem prática sobre mercados de consumo* (2014);
» *Marketing digital: uma análise do mercado digital* (2015);
» *Marketing e relações públicas* (2021);
» *O cidadão é rei! Marketing e atendimento em serviços públicos* (2022);
» *Supermarketing: estratégias de marketing digital* (2022).

Também é autor de 49 materiais didáticos sobre tecnologia, tendências, marketing e gestão empresarial e de varejo, além de ter publicado dezenas de artigos nas áreas de gestão, empreendedorismo e tecnologia.

Foi coordenador de graduação e pós-graduação, nas modalidades EaD e PSC, dos seguintes cursos e IES:

» Administração Pública e Gerência de Cidades (Uninter);
» MBA em Marketing Político e Gerenciamento de Campanhas Eleitorais (Uninter);
» MBA em Administração em Marketing (Opet);
» Administração em Planejamento e Gestão (Uninter);
» Administração em Gestão de Projetos (Uninter);
» Administração em Qualidade (Uninter);
» Administração em Logística (Opet);
» Administração em Gestão do Conhecimento (Uninter);
» Administração em Agronegócios e Biotecnologia (Uninter);
» Administração em Gestão de Varejo (Opet);
» Administração em Terceiro Setor (Uninter);
» Administração em Finanças (Uninter);
» Administração em Negócios Internacionais (Uninter);
» Curso Superior Tecnológico em Gestão Pública (Uninter).
» Curso Superior Tecnológico em Comércio Exterior (Uninter).

Desde 2012, acumula a coordenação dos cursos de graduação EaD em Marketing na Uninter (nota 5 no conceito MEC) e do CsT EaD Marketing Digital (2017) na Uninter e CST Gestão de Mídias Sociais (2020).

É professor de comunicação organizacional nos seguintes cursos: Comércio Exterior; Recursos Humanos; Processos Gerenciais; Gestão Pública; Gestão Legislativa; Administração de Empresas; Secretariado Executivo; Gestão Comercial; Gestão Hospitalar; Gestão de Turismo e Logística, todos pelo Centro Universitário Uninter.

Atua também como professor de Marketing no cursos de graduação Uninter em Serviços Jurídicos e Notariais e Bacharelado em Administração.

É professor de Marketing para Serviços Contábeis no curso de Bacharelado em Ciências Contábeis e de Análise e Comunicação política no curso de Ciências Políticas EaD. Além disso, é professor convidado da Pós-Graduação nos seguintes institutos: Opet, Universidade Positivo, UniCuritiba, UniBrasil, IMAP e Uniarp.

É apresentador do programa de televisão "Tendência & Mercado", além de ser palestrante e consultor de empresas na área de marketing em todo o Brasil via www.marketingdavida.com.br

Professor nas modalidades presencial e a distância há 20 anos, também é membro do Grupo de Pesquisa em Ensino a Distância da Associação Brasileira de Educação a Distância (Abed), além de parecerista da Revista *Guia do Estudante*, da Editora Abril. É professor parecerista do Congresso Internacional de Administração da Universidade Estadual de Ponta Grossa (UEPG) e membro do Grupo "TEMA" na UTFPR. Ainda, é avaliador da Revista Científica *Tecnologia e Sociedade* e membro do Grupo de Pesquisa em Inovação da Uninter.

Para entrar em contato com o autor via redes sociais:

- » Instagram: @achilesjunior
- » Twitter: @achilesjunior
- » LinkedIn: Achiles Batista Ferreira Junior
- » www.marketingdavida.com.br

Prof. Dr. Elizeu Barroso Alves

Doutor e mestre em Administração pelo Programa de Pós-Graduação em Administração da Universidade Positivo (PPGA-UP), vinculado às áreas de "Organizações, Gestão e Sociedade" e de estudos concentrados em "Organização e Mudança". É graduado em Administração e tem MBA em Gestão de Marketing, ambos pelo Centro Universitário Internacional Uninter.

Atualmente, é professor e Coordenador dos CST's Gestão Comercial e Varejo Digital, da Escola Superior de Gestão, Comunicação e Negócios (ES-GCN) do Centro Universitário Internacional Uninter, e membro do Grupo de Trabalho de Sustentabilidade Uninter. É integrante dos seguintes grupos de pesquisa: Práticas de Gestão em Contexto Organizacional (PEGO-UNINTER); Cidades Educadoras, Inteligentes e Sustentáveis (CEIS-UNINTER).

É autor dos seguintes livros:

- » *Gestão de startups e coworking* (2019);
- » *Accountability e transparência pública: uma proposta para a gestão pública de excelência* (2021);
- » *Consumo e sociedade: um olhar para a comunicação e as práticas de consumo* (2018);
- » *Gestão de serviços públicos municipais* (2019);
- » *Marketing de relacionamento: como construir e manter relacionamentos lucrativos?* (2014);

» *Sistemas de informações em marketing: uma visão 360° das informações mercadológicas* (2018);
» *Varejo digital: o mundo agora é outro* (2022).

É membro do Comitê de Governança do Ecossistema de Inovação de Curitiba e Região Metropolitana e da Comunidade Inovadores & Inquietos. É parecerista do *Guia da Faculdade*, promovido pelo "Quero Educação" em parceria com o jornal *O Estado de São Paulo*.

Tem ampla experiência na área de administração, sobretudo com interesses voltados à pesquisa científica e à atuação profissional, nos seguintes temas: racionalidades; empreendimentos de economia solidária; pragmática da linguagem; formação do egresso em administração; crimes corporativos; *accountability; compliance;* gestão pública; mercadologia; inovação nas organizações.

Para entrar em contato com o autor via redes sociais:

» Instagram : @elizeualves1251
» LinkedIn: elizeualves1251
» www.elizeualves.com.br

Prof. Dra. Vanessa Estela Kotovicz Rolon

Doutora em Administração, pela Universidade Positivo e mestre em Administração pela mesma instituição. Mestre em Educação pela Universidad Técnica de Comercialización y Desarrollo (UTCD), especialista em Metodologia e Didática de Ensino Superior, pela Universidade Paranaense (Unipar), e graduada em Administração, pela Universidade Federal do Paraná (UFPR).

É coordenadora do curso de Administração do Centro Universitário Internacional Uninter, nas modalidades presencial e a distância, incluindo a metodologia ao vivo telepresencial. Ainda, é coordenadora do curso de Tecnologia em Gestão Estratégia Empresarial da Uninter. Atua com EaD há mais de 13 anos.

Diretora de Relações Institucionais da Associação Nacional dos Cursos de Graduação em Administração (ANGRAD) no triênio 2020/2021/2022. Atuou como membro da Comissão Assessora de Área do Instituto Nacional de Estudos e Pesquisas Educacionais Anísio Teixeira para o Exame Nacional de Desempenho de Estudantes (Inep/Enade) nos anos de 2015, 2018 e 2021. É membro do Banco de Avaliadores do Sistema Nacional de Avaliação da Educação Superior (BASis) pelo Inep do Ministério da Educação (MEC). Avaliadora do "Quero Educação" do jornal O Estado de São Paulo. Avaliadora do Seminário em Administração da Fundação Educacional de Andradina (Semead), vinculada à Universidade de São Paulo (USP). Autora do livro Composto mercadológico: conceitos, ideias e tendências (2016). Autora de dois capítulos da obra Marketing de relacionamento: como manter e construir relacionamentos duradouros (2015).

Autora do capítulo "Blended learning na prática: uso de atividades práticas interdisciplinares como o BMG Canvas para a construção do conhecimento", do livro Demandas para a educação a distância no Brasil no século XXI.

Membro de dois grupos de pesquisa do Conselho Nacional de Desenvolvimento Científico e Tecnológico (CNPq), nas áreas de aprendizagem organizacional, inovação, prática de gestão, prática e subjetividade. Nos cursos de Administração, Gestão Comercial e Processos

Gerenciais da Uninter, ministra as disciplinas de TGA, Modelos Contemporâneos de Gestão, Sociologia Organizacional, Administração de Marketing, Marketing de Relacionamento, Comportamento do Consumidor, Administração Estratégica, entre outras. Em 2015, implantou as metodologias ativas no curso de Administração da Uninter.

Para entrar em contato com a autora via redes sociais:

» Instagram : @vanessaestelarolon
» LinkedIn: Vanessa Rolon

Impressão:
Dezembro/2022